旧約のアドヴェント

講解説教
士師記・ルツ記

牧野信成

一麦出版社

Soli Deo Gloria

目次

ルツ記

装釘　鹿島直也

旧約のアドヴェント　講解説教 士師記・ルツ記

そのころイスラエルには王がなく、
それぞれが自分の目に正しいとすることを行っていた。

『士師記』一七章六節、二一章二五節

まえがき

本書は日本キリスト改革派西神教会の午拝で行っている旧約からの講解説教を纏めたものです。歴史修正主義者たちが過去の重みに耐えかねて日本の歴史を書き換えようとやっきになっている昨今にあって、旧約聖書が語り伝える歴史への向き合い方から学ぶことは大きな価値があると考えて、いわゆる「申命記的歴史」と称される一連の御言葉を『ヨシュア記』から始めて講解したものです。順序を変えて先に『士師記・ルツ記』を上梓するのは、説教の内容からしてこちらの方が興味深く読んでいただけるだろうと判断したからです。旧約の説教と言えばヴァルター・リュティのものがまず思い浮かびますが、それ以外のもの、特に講解説教は新約に比べるとまだ不十分ではないかと思われます。そこで、なるべく先のものと重複しないで、説教集の欠けのあるところを補うつもりで『士師記・ルツ記』を選びました。朝礼拝ではより一般的な語り方を心がけて福音書を説き明かすことにしていますが、午拝はそれとは別のしかたで釈義説教を行っています。ですから、本書の利用のしかたとしては、教会での聖書研究や牧師・神学生の説教準備にふさわしく用いられるのではないかと思います。他方、『士師記・ルツ記』はエンターテインメント的な要素を予め含み持つ書物なので、その点も汲み上げながら解説を試みていますから、聖書の本文を丁寧に読みたい人であれば誰であれ興味をもって読んでもらえると思います。『士師記』と『ルツ記』をひとまとめにしたのは分量の問題もありますが、そのつながりをよく意識して読むことには益があると考えたからです。ユダヤ教のヘブライ語正典が示すように、「申命記史家の歴史書」には『ルツ記』は含まれませんけれども、いざ丁寧に原文を読み解いてみますと、全く脈絡を無視して今日の配列（ギリシア語七十人訳に準拠）になったのではないように思えます。この辺りの分析は専門書に任せるとして、ともかく今まで印象の薄かった旧約のエピソードが、豊かな文学性をも備えて神の言葉として差し出されているのを味わっていただけることを願います。

尚、西神教会では日本聖書協会発行の『聖書　新共同訳』を用いていますので、引用されている聖句はすべて同翻訳によります。また、本書は講解説教ですから、聖書の本文抜きにしては本来成り立ちませんが、紙数や版権のことを考えて掲載していません。聖書を傍に置いて、まず当該箇所をお読みになってから、読み進めていただきたいと思います。本文の分析はヘブライ語・ギリシア語の原典に基づきますが、いちいち註記はしていませんけれども幾つかの翻訳聖書や註解書も参考にしています。特にイスラエル国で発行されている『ミクラー・レイスラエル』シリーズに含まれる、『ショフティーム』（ヤイラ・アミット）、『ルツ』（ヤイル・ザコビッチ）から学ばせていただいています。キリスト教会でもユダヤの聖書解釈の伝統からは大いに学ぶところがあります。

二〇一七年六月十六日
糀台にて　牧野信成

士師記

一　士師たちの時代

一章一節―二章五節

申命記的歴史

『ヨシュア記』『士師記』『サムエル記』『列王記』までがイスラエルの歴史を書き綴る一つの歴史書と認められます。これらの歴史書がどのような観点から書かれたかを察するには、その一番最後を見ればわかります。そうしますと、『列王記』の締めくくりにはこのように書かれています。

ユダの王ヨヤキンが捕囚となって三十七年目の第十二の月の二十七日に、バビロンの王エビル・メロダクは、その即位の年にユダの王ヨヤキンに情けをかけ、彼を出獄させた。バビロンの王は彼を手厚くもてなし、バビロンで共にいた王たちの中で彼に最も高い位を与えた。ヨヤキンは獄中の衣を脱ぎ、生きている間、毎日欠かさず王と食事を共にすることとなった。彼は生きている間、毎日、日々の糧を常に王から支給された。（二五章二七―三〇節）

ダビデの王座を受け継ぐユダ王国は、ついにバビロニアによって滅ぼされまして、生き延びた王ヨヤキンは捕囚として遠い異国の地バビロンに幽閉されました。しかし、バビロンに情け深い王が現れ、ユダの王は獄から解放されて王族にふさわしい接待を受け、以降、バビロンの王との友好を保ちながら平和に暮らしました。こうして、預言者エレミヤが預言したとおり、捕囚地バビロンでの新しい生活がイスラエルに整えられたのでして、そこから歴史を振り返って、なぜ、神の民イスラエルが国を失うことになったのかを深く反省しながら、書き下ろされ、編纂されたのが、後に正典に残ることになったこれら一連の歴史書です。そして、イスラエルの国の運命については、モーセが書き留めさせた『申命記』に前もって予告されていて、それがイスラエルの歴史の骨格にもなっているところから、これらの歴史書を「申命記的歴史」と呼びます。既に学んだ『ヨシュア記』もそうでしたが、これから学ぶ『士師記』もまた、モーセの律法である『申命記』の教えに貫かれて、一つの時代が物語られます。

ここから私たちが何を学ぶかを簡単に整理しておきますと、第一に、私たちはこれらの書物をとおして、歴史を支配なさる神を知らされます。歴史は人間の思うとおりにはならない、とよく言われるとおり、人類の歴史を導いておられるのは神です。たとえどのような民族であっても、その神の御前に謙って自らの歴史を振り返ることが真の知恵ある態度です。

第二に、人間は神との契約を完全に守り通すことはできない、という人間の罪深さについてです。『ヨシュア記』の終わりでは、イスラエルの民がシケムでの契約に際して、「わたしたちは神に従い通してみせます」という程の潔さで信仰生活に入りました。けれども、ヨシュアが「あなたがたにはそれはできない」と水を差しましたように、『士師記』ではそのイスラエルの民が壊れていく様子が順を追って記されます。そして、こうした背きの歴史を隠さずに記すのもこの歴史書の特徴で、私たちが学ぶべきところです。自分の民族を誇るために国民の勝利と英雄の活躍ばかりを記す歴史には知恵がないことを聖書は知っています。むしろ、いかに失敗したか、そして、いかなる悲惨を味わったかを後世に伝えることこそ、真の平和に至る道であることを聖書の歴史を記した預言者たちは伝えます。

第三に、それでも神は民を見捨てなかったことの証です。この歴史書が最後に記しますように、イスラエルはバビロニアとの戦争に敗れて国を奪われてしまいます。その原因は、イスラエルが神との契約を破って偶像崇拝に陥ったことにあります。その始まりが『士師記』に記されます。しかし、先ほど『列王記』の終わりで確認したように、イスラエルの民はこの世から滅び去りはしませんでした。捕囚地バビロンにユダの王は生き残ったのでして、古い切り株から新しい芽が現れる希望が与えられました。イスラエルは背信によって神から手酷く罰せられたのですけれども、神は彼らを憐れんで救いの御手を差し伸べます。この点では、旧約の歴史書に限らず、聖書の全体がそのような視点から、神の救済の歴史を初めから終わりまで書き綴ります。エデンの園で人間は罪を犯したのですけれども、しかし、神の憐れみは人間から取り去られず、終末の完成に至るまで神の救いの働きが歴史を導きます。

こうして、『士師記』にはかなり明確な歴史観がはめ込まれていて、ヨシュアとダビデの間に起こった出来事を、士師たちの活躍をとおして綴ります。『ヨシュア記』でも学びましたとおり、聖書の歴史は、そこに人間の活動が展開してはいても、神が主体となって働いておられることを見て取ることが肝要です。それを忘れずに、『士師記』の一つひとつのエピソードを心に留めたいと願います。

カナン征服に関する二つの記述

さて、『士師記』には二つの序文が冒頭に置かれます。今日の箇所はその第一の序文に当たります。ここには、幾らか独自の伝承も見受けられますが、ほぼ、『ヨシュア記』に書かれていたことのくり返しであることがわかります。ただ、重要な点で前の記述とは異なっています。第一に、これが「ヨシュアの死後」の出来事だとされていることです。そうしますとこれは、『ヨシュア記』の出来事とは別だということになります。そして、第二は、『ヨシュア記』が一三章までの記述において、ヨシュアによる土地征服の完了を報告して、既に征服した土地を十二部族に分配する、という『ヨシュア記』後半の流れとなるのに対して、『士師記』が記すのはヨシュアの時代に土地への侵入がなされて、先に十二部族への分配がなされた上で、嗣業の土地を征服するための戦いが始まる、との順序です。そうしますと、イスラエルが約束の土地を実際に獲得する過程には、二つの異なる歴史観が並立することになりますが、私たちはそのどちらが正しいとむやみな詮索をするのではなくて、それらが両者ともイスラエルに流れ込んだ聖なる伝承として、あるがままを受けとめればよいと思います。細かい点で辻褄が合わないことなどが出てくるのですが、それを無理に調和させる必要はなく、それぞれの文脈で理解するように務めることが大切です。

ユダの優先

今日の箇所をみますと、一節にありますようにイスラエルはヨシュアの死後、士師たちの時代に入ります。「士師」という言葉はまだここには出てきませんけれども第二の序文に登場します。「士師」とは「裁き司」とも訳されますが、イスラエルを窮地から救う救済者であると同時に、民の指導者として統治も行った英雄たちです。しかし、彼らにはもはや、モーセやヨシュアのような「主の僕」の面影はありません。士師たちはその時々に神が送ってくださった特別なカリスマにすぎず、民の代表となるのはイスラエル各部族の長老たちです。ですから、士師たちの時代は長老たちの時代です。この頃、イスラエルを統一する強い指導力をもつリーダーは現れず、他国とのせめぎ合いの中で王国を統一する王の登場が待ち望まれています。つまり、士師の時代は神のメシア・ダビデが待望される前夜だと言えます。

一章の最初では、神の御旨を問う預言者がいないのがわかります。一節にある問い方は、おそらくウリムとトンミムのような占いによるもので、そこでイスラエルは戦いの先頭にユダが立つべきとの御旨を受け取ります。ここに、ユダ部族からユダ王国へと受け継がれる選びの線が描かれます。

ユダとシメオンが組むのは、彼らの母が同じであることと、同じ土地を分け合って住む部族であるからでしょう。この最初の戦いは、カナン人・ペリジ人を打ち破る大勝利でした。ベゼクという町、またアドニ・ベゼクという王の名はここで初めて登場します。「手足の親指を切る」というおぞましい刑罰は、戦闘能力を奪うという意味があるようですが、ここではそうした残酷な仕打ちをこれまで積み重ねたカナンの王に対して神が正しい報復をされたことを伝えています。

ユダはさらに進軍を続けてエルサレムを攻略し、ユダの版図となるカナン南部の諸都市を次々に陥落させます。『ヨシュア記』一五章によればヘブロンとデビルを落としたのはカレブの功績ですが、カレブへの言及は一二節から一五節にかけてのオトニエルに関する出来事に限定されています。このオトニエルは、後で最初の士師として登場します。

未完の占領

一六節から二一節は、ユダによる嗣業の地の獲得と同時に、それが未完了であることを伝えます。まず、一六節に「ケニ人」とありますが、これは『出エジプト記』に出てくるモーセのしゅうとエトロの一族をさします。『士師記』四章へ進みますと、モーセのしゅうとは「ホバブ」だと言われますので、「エトロ」「ホバブ」二つの名が並行することになりますが、こういうところは二つの伝承が重複するところです。ケニ人たちは「なつめやしの町」すなわちエリコからユダの荒れ野、ネゲブの沙漠にいて、ユダの人々と暮らしたとあります。

一七節に出ている「ツェファト」はここにだけ出てくる地名ですが、『民数記』二一章によれば、モーセの時代にイスラエルに滅ぼされたアラドが「ホルマ」と呼ばれたとあります。ここも『民数記』とは異なる伝承の記事です。ともかくユダはここで「聖絶」に取り組んでいます。「聖絶」とは『申命記』で命じられたところの、神にささげられた戦いのことです。一八節にある、ガザ、アシュケロン、エクロンは、後にペリシテの町となる地中海沿岸の五つの町のうちの三つ、そして、一九節前半では、ユダは山地を獲得しています。「主が共におられた」とあるのは、

このユダの戦いがヨシュアの時と同様であったことを表します。しかし一九節後半、

だが、平野の住民は鉄の戦車を持っていたので、これを追い出すことはできなかった。

この「追い出すことができない」現実が、『士師記』では初めてここで告げられます。さらに二一節では、

エルサレムに住むエブス人については、ベニヤミンの人々が追い出さなかった。

と報告されます。ここから、一章の記述は、ヨシュアの死後、イスラエルの民が嗣業の土地を獲得する過程において、ことごとく失敗していく様子を書き連ねます。もっとも、完全に失敗するのではなくて、それは部族によって異なるのですが、土地の獲得はおしなべて未完了であり、そして、カナン人を追い出せなかったことが、その後のイスラエルの歴史に陰を落としているわけです。

イスラエルの新たな試練

二一節から二六節は、ユダに続いてヨセフの一族によるベテルの攻略を短く記しています。『ヨシュア記』が記すエリコの攻略にも似た記述です。二七節から三六節は各部族による征服未完了の一覧表で、丁寧にその表現を辿っていきますと、マナセは占領を徹底しなかったためにカナン人を残した風の記述になっていますが、エフライム、ゼブルンはもはや住民を追い出さず、アシェル、ナフタリに至っては彼らがカナン人の中に住み続けることになっています。さらに最後にくるダン族は、敵に追いやられて山地に留まり、平野に降りることさえできなかったとあります。

こうして、ヨシュアの死後、イスラエルによる土地の獲得は不完全なものに留まるのでして、それをまとめて述べた一文が二八節です。

> **イスラエルも、強くなってから、カナン人を強制労働に服させたが、徹底的に追い出すことはしなかった。**

これが良いことなのか悪いことなのか、どのような神の計画であったのかは、ここで簡単に結論づけるわけにはいきません。ただ、この時点での理由は二章一節から五節が結びとして述べています。イスラエルがカナン人を追い出さなかったことは、彼らの意志によることであって、神との契約違反であるということ。そして、神は約束どおりイスラエルと共におられるけれども、もはやヨシュアのときのように向かうところ敵無しとはせず、むしろ、カナン人を残すということです。つまり、追い出さなかったのはイスラエルの罪であり、追い出せなかったのはイスラエルへの罰である、ということです。ここに、ヨシュアの次の時代の、長老たちの時代の新たな試練が与えられて、救い主なる神に対する信仰が問われます。主の御使いからこのメッセージを聞いて、民は声を上げて泣いた、とあります。この「ボキム」という町はベテルのことではないかとも思われますが、しかし、その嘆きが真の悔い改めになれば、神はイスラエルを憐れんでくださるはずです。でも、その嘆きが形ばかりであれば、この試練によってイスラエルはさらなる窮地に立たされます。

隣人となったカナン人はイスラエルの罠となる――これは、私たちが聖書から学ぶところの偶像崇拝への警告です。安易な多元主義や時代の潮流に合わせて節操のない宗教的な寛容に流れるならば、聖書の神との契約は断ち切られることを私たちも真剣に受けとめねばなりません。キリストへの忠誠を欠いた単なる文化主義的な信仰とは信仰とは言えませんから、私たちに何の救いの担保ももたらしません。キリスト者でない多くの人々に取り巻かれている私たちの隣人への接し方は、パウロの書簡からも学べるとおり、キリスト者として隣人に愛の手を差し伸べることです。日本の伝統や文化を偶像にしないよう心がけながら、キリストの光に照らして、それらを神に喜ばれるものとして生かす取り組みが私たちの課題となるかと思います。神がカナン人を追い出さなかった理由は、イスラエルの躓きをとおして彼らもまた神の救いに入れられるためであることは、旧約の歴史の果てに明らかにされます。それをキリストにおいて知らされた私たちは、何のために私たちがカナン人のただ中に住むのかを知らされています。キリストの光によって周囲を照らすためです。

天の父なる御神、『士師記』を学び始めました私たちにふさわしい聖霊の導きをお与えください。イスラエルが自分の罪を認め、そこに与えられたあなたの赦しがあってこそ、この啓示の書物が私たちにも伝えられました。悔い改めに生きるという真実の道を、どうぞこの国が選び取ることができますように。私たちも一人ひとり、その真実の道を自分の人生の中に選び取ることができるように助けてください。主イエス・キリストの御名によって祈ります。アーメン。

二　転落

二章六節－三章六節

信仰継承の失敗

今日の箇所は『士師記』の初めに置かれた第二の序文に当たります。六節から九節に記されているのは、『ヨシュア記』の末尾にあった締めくくりの記述とほぼ同じものです。改めて、ヨシュアの死がここで知らされます。こうしたくり返しの記述から、『ヨシュア記』と『士師記』の連続性がよりはっきりします。

この部分では、一つの時代が総括されています。ヨシュアと共にカナンでの戦争を体験してきた長老たちの存命中は、イスラエルの民は主に仕え続けた、とあります。ヨシュアの世代は「主がイスラエルに行われた大いなる御業をことごく見て」きました。イスラエルの内には主の証が息づいていました。ところが、そこから次の世代に後退する節目に、大きな変化が起こりました。ヨシュアと長老たちの世代が絶えることによって、かつての戦争の証言も失われ、「その後に、主を知らず、主がイスラエルに行われた御業も知らない別の世代が興った」と一〇節にあります。イスラエルは信仰の継承に失敗したのです。

その辺りの詳しい経緯はここの関心から外れていますが、私たちはここにイスラエルが歴史の内にみている一つの問題に気づかされます。「主を知らず」「御業も知らない」とは、聞いたこともないということではないのだと思います。それでは異邦人と同じになってしまいます。おそらく、主なる神との契約を知っており、モーセの律法も継承しているのでしょう。けれども、実際に父たちとともに信仰の戦いを経験してこなかった。すでに自分たちはカナンで生まれてきて、自分で直接、主の御業を体験したことがない世代がイスラエルに生じたということでしょう。そこでイスラエルは彼ら自身の信仰が試される、士師の時代へと進むのでした。

シケムでの契約に臨んだ際、「主を捨てて、ほかの神々に仕えることなど、するはずがありません」（『ヨシュア記』二四章一六節）と潔い告白をした人々も、自分自身に対しては責任をもって信仰を守ることができたかもしれませんが、その信仰を世代を超えて継承するということはまた別の問題です。プロテスタントの主流派の教会も、今この問題に悩んでいます。伝道が困難で広がらないということばかりでなく、教会からの会員の流出が止まりません。主を知らない新しい世代が聖書の神の御前から去って行っているような事態です。どのように継承させていくべきかをここで簡単に論じることはできません。イスラエルであれば、先に語られたモーセやヨシュアの警告を真剣に聞き続けることが要であったことは間違いありません。

新世代の転落

さて、新世代にとりましては、これからどう生きていくかが問題です。約束された土地は、すでに当たり前のように自分たちの生活の場になっています。その恵みを十分に感謝して神に仕えていくことができるかどうかが問われます。神の救いを体験して、信じて誓いを立てたらそれでゴール、という信仰はありません。そこからどう生きていくかということが人生の終わりまで問われますし、さらに世代を超えて、継承されていくための取り組みも教会には与えられています。

イスラエルは信仰の継承に失敗し、新しい世代は地元カナンの宗教に飲み込まれました。一一節と一二節はこの時代を次のような典型的な表現で表しています。

> イスラエルの人々は主の目に悪とされることを行い、バアルに仕えるものとなった。彼らは自分たちをエジプトの地から導き出した先祖の神、主を捨て、他の神々、周囲の国の神々に従い、これにひれ伏して、主を怒らせた。

「バアル」とは「主人」を意味する語で、カナンの神々をさしています。ここでの「バアル」は複数形ですので、イスラエルを取り巻く諸民族それぞれの神がここに含まれているものと思われます。カナンの宗教は農耕文化を背景にした多神教です。収穫期には豊穣を祝う祭が行われ、神々にささげものが備えられます。その祭られる神々の中心に「バアル」がいます。「バアル」は大地に雨をもたらす嵐の神です。一三節には「アシュトレト」という女神の名が現れています。バアルとアシュトレトは夫婦であって、絵に描かれる時は牛の姿をしています。初めは沙漠を流離う遊牧民であったイスラエルの民も、カナンの土地がもたらす豊かな生活文化に馴染むに従って、やがてはその土地の宗教に同化してしまいました。「バアルに仕える」も「ひれ伏す」も礼拝行為をさしています。

一七節ではそれが「姦淫」と言われます。真の主人を捨てて、「バアル」という別の主人に靡いてしまうのですから、それが「姦淫」と喩えられるのですが、それればかりでなく、カナンの豊穣祭儀には、神殿娼婦との交わりが行われたり、子どもをささげる人身供養が行われたりする、聖書が禁じるところの忌むべき行為が含まれていましたから、イスラエルにとって宗教的な堕落は即道徳的な堕落ともなりました。先祖の誓いを蔑ろにしたイスラエルの堕落ぶりは、「主の目に悪」と映りました。

歴史のサイクル

一三節から一九節には、この後に続く士師たちの時代にイスラエルが辿ることになる、歴史のサイクルが示されています。まず、一三節から一五節では、イスラエルに怒りを発せられた主が、敵を起こされて、イスラエルを引き渡される、ということが書かれています。これが第一段階です。続いて、一六節から一八節には、主が士師たちを立ててイスラエルを救い出すとあります。これが第二段階です。同じ箇所に、第三段階として主が「士師と共にいて、その士師の存命中敵の手から救ってくださった」という平和な支配の時代が置かれます。最後に、その士師が死ぬと、イスラエルは再び偶像崇拝に戻ってしまい、その悪い状態は、最初の段階よりもいっそう悪くなる、とあります。この四つのステップを踏みながら士師の時代は進んでいくのでして、この後に始まる各々のエピソードにはこの段階が丁寧に書き記されていきます。一つのサイクルが終わるとまた初めに戻る訳ですが、そうしますと前より悪くなっているのですから、時代は徐々に悪い方へ悪い方へと堕ちていくのがわかります。

このサイクルは、『士師記』に現れている一つの歴史観です。この時代ばかりでなく、イスラエルの王国時代もまた、これと同じような循環をくり返しながら、いきつくところまでいってしまいます。イスラエルの歴史は、信仰と不信仰のくり返しです。そこで描かれる人間は、神の罰を受けて災いに見舞われないと神を求めない愚かなものです。同時にそこに描かれる神は、そういう愚かな民を見捨てようとはせず、声を上げる度に救いを送られる憐れみ深いお方です。一八節にはこうあります。

主は彼らのために士師たちを立て、士師と共にいて、その士師の存命中敵の手から救ってくださったが、それは圧迫し迫害する者を前にしてうめく彼らを、主が哀れに思われたからである。

この「哀れに思われた」とある部分は、「思い直された」としてもよいところです。御自分に背く民に主は怒りを表して災いをくだされるのですけれども、それを思い直されて、救いを送られた、ということです。『創世記』で、主が洪水によってすべての人類を滅ぼされた後、もう二度とすまいと思い直された、とあるのと同じです。預言者エゼキエルが語ったように、神は人間が滅びるのを喜びはしません。

追い払わない理由

二〇節以下の今日の段落では、カナンの地に諸国の民が存在し続ける理由がまとめて記されています。第一に、契約を破ったイスラエルに対する神の罰です。この世になぜ、悪が存在するのか、という難しい問題に対する一つの手がかりになるかもしれません。それは、人が神の言葉に耳を貸そうとしないので、神の怒りが悪を取り去らない、ということです。「諸国の民」を、滅ぼすべき悪の暗喩としてとれば、そのような理解になります。第二に、イスラエルの信仰を試すためです。これは三章一節と四節にくり返されますから、中心的な理由になるでしょう。試練をとおしてイスラエルの信仰が本物となるか、あるいは偽りということがわかって滅びてしまうか、です。もっとも、この試練を乗り越えていく道を神は計画しておられるのですけれども。

そして、第三に、イスラエルの新しい世代に戦いを学ばせるため、です。ここから、聖書は戦争を肯定しているなどと結論づけないようにしたいところです。旧約に描かれるイスラエルの戦争は、すべて信仰の戦いとして読まれなければなりません。試練の中で、私たちは悪との戦いかたを学びます。たとえば、新約聖書の『ヘブライ人への手紙』一二章では次のように教会に呼びかけられています。

あなたがたはまだ、罪と戦って血を流すまで抵抗したことがありません。また、子供たちに対するようにあなたがたに話されている次の勧告を忘れています。「わが子よ、主の鍛錬を軽んじてはいけない。主から懲らしめられても、力を落としてはいけない。なぜなら、主は愛する者を鍛え、子として受け入れる者を皆、鞭打たれるからである。」あなたがたは、これを鍛錬として忍耐しなさい。神は、あなたがたを子として取り扱っておられます。いったい、父から鍛えられない子があ

るでしょうか。（四―七節）

私たちもまた、信仰の戦いをとおして、世の罪との戦い方を学んでいる最中です。

こうしてヨシュアの後の時代、イスラエルは信仰の戦いの暗い時代に突入します。神の言葉を与えられておりながら、人間はどこまでも愚かで、目先の欲に囚われ、周囲に流されていってしまうのですけれども、そういう世界に対しても神は憐れみを保っておられて、何とかして御自分のもとへ人を立ち帰らせようと働き続けておられます。今も生きておられる主は、信仰の試練の中にある私たちを強め励ましながら、私たちの真実の礼拝を待っておられます。

自らの不信仰のために苦境に陥ったイスラエルをお見捨てにならず、士師を送ってお救いになりました真の御神、カナンの地と同じように、不信心な世界に暮らす私たちですけれども、どうか、私たちが世に誘惑されてあなたを捨ててしまうようなことになりませんように、御言葉をとおしてあなたの声をたえず聞かせてください。聖霊なる御神が私たちの内にあって、信仰の戦いに勝たせてくださいますようお願いします。主イエス・キリストの御名によって祈ります。アーメン。

三　左利きのエフド

三章七―三一節

ケナズの子オトニエル

『士師記』が記すのは、王国以前のイスラエルの時代に、周辺諸国の抑圧者から民を解放した救済者たちの活躍を綴った英雄列伝です。この歴史伝承を書き綴ったイスラエルの歴史家には編集の意図があり、イスラエルの戦いを十二部族全体の戦いとして記すために、各部族を代表して一人の士師が立てられるよう注意深く順序がつけられています。この士師時代の戦いの先頭に立つのは、ユダのオトニエルです。

「カレブの弟ケナズの子オトニエル」については、彼がデビルの町を攻略したことが、『ヨシュア記』一五章と『士師記』一章で語られていました。ここでオトニエルは士師の筆頭に挙げられていますが、彼は同時にヨシュアと長老たちの時代を知る人物でもあって、ヨシュアの時代と士師の時代をつなぐ役目をも果たしています。そして、七節から一一節に記されるオトニエルの武勇伝は、簡潔なしかたで士師の働きの典型を示します。「イスラエルの人々は主の目に悪とされることを行った」「彼らの神、主を忘れ、バアルとアシェラに仕えた」「主はイスラエルに対して怒りに燃え」などと物語られる語り口は、ここから後の記述にたびたびくり返される定型的な表現です。

そうした記述を辿っていくと、ここには五つの段階が用意されていることがわかります。先の序文には三つの段階があると紹介しましたが、ここにある具体例ではもっと精確に五つのステップが一つのサイクルをなすことが見て取れます。その五つとは、背信、懲罰、嘆願、救済、平和です。そして、士師が死ぬとまた、それを初めからくり返します。一二節に、「イスラエルの人々はまたも主の目に悪とされることを行った」とあるようにです。

オトニエルの記事に注目してみます。イスラエルの罪は、真の神を忘れて、カナンの神々であるバアルとアシェラに仕えたことでした。「アシェラ」とは、先には「アシュタロト」とも言われましたが、バアルの妻に当たる豊穣の女神で、バアルの祭壇には通常、木彫りのアシェラ像が脇に立てられていたと言います。常緑樹の内にある自然の生命力を神格化して崇めるための御神木です。神はこれを切り倒すよう『申命記』でモーセに命じていました。しかし、イスラエルは土着のバアル宗教に影響されずにはおれませんでした。

主なる神はこうした背信のイスラエルに嫉妬する神です。怒りに燃えて罰を与えるために、彼らを敵の手に引き渡されます。ここに現れたのは「アラム・ナハライムの王クシャン・リシュアタイム」です。歴史家たちはこの人物を古代オリエントの歴史の中に特定しようと試みましたが、いい結果は得られませんでした。「アラム・ナハライム」とは、カナンを越えた東にあるメソポタミアをさします。オトニエルの戦いに示されるモデルは、この後に続く士師たちの戦いのひな型となるばかりでなく、そのさらに後のアッシリアからバビロニアに至る王たちとイスラエルの王国との戦いにも模範となります。逆に昔に遡れば『創世記』一四章にあるアブラハムの戦いを彷彿とさせます。

「クシャン・リシュアタイム」という王の名は、「極悪人クシャン」とも訳すべき名です。「リシュアタイム」とは固有名詞ではなく「二重に邪悪である」という意味の修飾語です。この敵のもとで、イスラエルは八年間の屈従を強いられました。神の懲罰は悔い改めを呼び起こすためのもので、イスラエルに対する情熱は神の側からは取り去られません。人々が苦しみの中から助けを叫ぶと、主はこれを聞かれて、イスラエルのために「救助者」を送ります。この「救助者」が「士師」です。オトニエルは主の霊によって敵と戦い、民を敵の手から解放します。士師はかつてモーセがそうであったように、民の間で起こる問題を解決するために調停を行う指導者として「裁き」を行います。こうして士師の存命中、イスラエルは四十年に亘る平和を獲得しました。

「四十年」は一世代を表します。

これが、主の顧みのもとにある士師時代のイスラエルの姿です。ここに提示されている人の歴史は、人は神の御前で罪を犯さずに生き通すことはできないとのことで、苦難をとおして裁きの重さに気づかされ、人でも偶像でもなく真の神に救いを叫び求める時に、神は救助者を送り、平和を与えてくださる、というメッセージです。そのような世代をくり返して、神の裁きと救いとに与りながら進んでいくのが人間の歴史だ、ということを聖書は教えてくれます。

3　左利きのエフド（3章7―31節）

左利きのエフド

さて、一二節からは次のサイクルが始まります。イスラエルの人々は世代を超えて悪を重ねてゆきます。そこでまた神が起こされたイスラエルの敵は、モアブの王エグロンです。モアブはアンモンと同じくヨルダン川東岸に領地をもつ民族で、長年、イスラエルと土地を奪い合う間柄にあります。アマレク人は沙漠の遊牧民たちです。彼らは結託して、「なつめやしの町」を占領しました。「なつめやしの町」とはエリコの呼称ですけれども、エリコはヨシュアによって殲滅されていて、再建してはならないと命じられていましたから、ここでは別の町となっているのかもしれません。モアブの支配下で、イスラエルは十八年間もの長きに亘って屈従を強いられます。二度目の裁きはより大きい、ということでしょうか。

しかし、またも主は救助者を送ってくださいます。赦しを乞えば、何度でも赦してくださるのが主の憐れみ深さです。二番目に登場する士師は、ベニヤミン族のゲラの子、左利きのエフドです。ベニヤミン族には左利きの人間が大勢いたことは、後の二〇章でも取り上げられます。「左利き」に何か特別な含意があるのではないようです。しかし、聖書では「右手」が力の象徴として用いられますから、「左」は弱さを表すのかもしれません。「左利き」と訳されていますが、元の語は「右が不自由」という言葉です。中世のラビはこれを「右手が短い」とか「右手が利かない」と読んで、エフドは障がい者だったと言っています。けれども、エフドが左利きなのは、さながらスパイ小説もどきのここでの話の伏線ともなります。

エフドはたった一人で行動します。まず、「刃渡り一ゴメドの諸刃の剣を作り」ます。「ゴメド」とはここにしか出てこない単位です。「少し小さめのアンマ」との説明がありますので、刃渡り二十〜三十センチ程の短剣ではないかと思われます。「それを右腰に帯びて上着で隠す」のは、エフドが左利きであったためですが、通常は左腰に帯びて右手で抜くわけですから、反対側であれば隠すのに好都合です。イスラエルはモアブの王に貢ぎをしていましたが、エフドはそのための使者のふりをして王宮に近づきます。貢ぎ物を納めて一旦そこを後にして残りの者たちを先に返した後、自分は一人で王のところに引き返します。「ギルガルに近い偶像のあるところ」とはいったいどこなのか。なぜそこに行かねばならなかったのか。疑問は多いのですが、二〇節にある「神のお告げを持って来ました」との返答と結びつくのではないかという提案があります。つまり、モアブの神のところへ行って託宣を賜ってきた、というアリバイのための工作です。エフドは内密の話があると持ちかけて人払いをさせ、王と二人きりになる機会を得ます。そこで、神の託宣を明かす振りをして、椅子から立ち上がった王の腹に短剣を突き刺します。

「エグロン」と呼ばれる王は、一七節によれば「非常に太っていた」とあります。言葉のニュアンスを汲んで訳せば、「王は非常に肥えていた」です。普通は動物に用いられるような表現がエグロンに当てはめられています。「エグロン」という名は、「子牛」という語に、小さいことを表す「オン」という音を付け加えた語です。そのまま訳せば「子牛ちゃん」です。つまり、エフドの行為は、よく肥えた子牛をさばく祭司の仕事に似ています。エグロンの腹に刺さった短剣は、柄ごと腹の脂肪に飲み込まれて隠れてしまいます。流血もなく、凶器もなく、床につっぷしている王がまさか死んでいるとは簡単には気がつきません。「汚物がでてきていた」とある部分は伝統的な理解のしかたです。けれども、もともと、ここにしかない語であるためにわからない部分なので、幾つもの訳し方が可能です。「汚物がでてきていた」とすれば、「王は用をたしているのだろう」という従臣たちの言葉と符合するかもしれませんが、おそらく「出た」のはエフドのことで、屋上の間を密室にするために「窓から出て」、そして二三節の「廊下に出た」とつながるのではないかと思われます。こうして、モアブの王の暗殺に成功したエフドは、王宮の者たちが王の死の確認に手間取る中、まんまと逃げ果せることができたのでした。

王を失ったモアブは混乱し、エフドの呼びかけによって集まったイスラエル人により、モアブの軍隊は壊滅しました。十八年の長い抑圧から解放されて「国は八十年の平穏」を与えられました。「国」と訳すと本来は時代錯誤なのですが、この翻訳では編集の時期を考えてあえてそう訳出しているのかもしれません。「八十年」とは四十年の倍です。苦しみが多かった分だけ平和も大きい、ということでしょう。

アナトの子シャムガル

三人目の士師は「アナトの子シャムガル」です。『士師記』には、このように簡単な記述で名前だけ残している士師たちも十二人の中に数えられます。聖書研究では、これらの士師たちのことを「小士師」と呼び、エピソードがそえられている士師たちのことを「大士師」と呼んで区別しています。シャムガルがどの部族に属するかははっきりしません。エフドに続いて「彼も」救ったとありますから、ベニヤミン族ではないかとも言われます。ただ、「アナト」ということだけに出ている地名がカナンの女神の名であることや、「シャムガル」という名がセイルに住んでいたと言われるフリ人の神の名であることから、イスラエルに同化したカナン人だった可能性もあります。彼にはイスラエルを裁いたとの実績は記されていませんが、「牛追いの棒でペリシテ人六百人を打ち殺した」との武人伝が残されています。「六百人」は兵士一軍団をさします。エフドがジェームズ・ボンドなら、シャムガルは旧約聖書のランボーですね。

これらは皆、時代の混迷期に、神がどのようにして御自分の民を顧みられたかの記録です。それを偶像崇拝の暗い時代を思い起こして痛恨の思いで語る哀歌や預言者の言葉とは別にして、明確な歴史観と信仰をもって冒険活劇のように語り伝えるのが、『士師記』の語り口です。私たちはこうした活劇をとおしてもまた、人間が罪に陥った時代にも神は必ず救ってくださるとの希望を失わないようにとの励ましを受け取ります。

天の父なる御神、あなたが書物に示してくださったように、私たちにも時代を見分けることのできる目をお与えください。この世に起こってくるさまざまな災いに、あなたの裁きを思うことができるようにしてください。また、同時に、そのような暗い世の中にあっても、あなたは苦しむ者の声を聞いていてくださり、憐れみをもって救うために御子を送ってくださっていることに感謝し、希望をもつことができるようにしてください。主イエス・キリストの御名によって祈ります。アーメン。

四　デボラとバラク

四章一―二四節

ヤビンとシセラ

『士師記』が伝えるイスラエルの次なる戦いは、女預言者デボラ、ナフタリ族のバラク、カイン人ヘベルの妻ヤエルの活躍です。今回のエピソードでは、士師がイスラエルを救った、とは書かれていません。士師はデボラです。そして、彼女を含めて三人のヒーローが登場するのですけれども、その内の誰が救世主なのでもなく、主なる神がイスラエルを救ったことが中心に描かれます。

士師エフドが死んだ後、イスラエルはまたもや悪い時代に突入します。「主の目に悪とされることを行った」。そこで「主は彼らを（敵に）売り渡した」とは、毎回のエピソードで告げられる話の始まりです。今回の敵はカナンの王ヤビン、そしてヤビンの将軍であったシセラです。戦いの舞台はガリラヤ湖の南西に当たる、ナフタリとゼブルンの領地が接するタボル山の周辺です。二節には「カナンの王ヤビン」と紹介されていますが、一七節には「ハツォルの王ヤビン」とあります。このヤビンとイスラエルの戦いは、かつてヨシュアの時代になされたことが、『ヨシュア記』一一章に記されています。そこで、ハツォルの王ヤビンはカナンの盟主として連合軍を率いてイスラエルと戦いました。そこの一〇節には「ハツォルは昔、これらの王国の盟主であったからである」とありますから、「カナンの王ヤビン」とはそのような盟主としての立場をさすものと思われます。『ヨシュア記』ではハツォルはヨシュアによって聖絶されたことになっていますから、ここはまた、別の伝承が別の時代の物語として語られていることになります。

実際に剣を交えるのは、ヤビンではなく将軍のシセラです。彼が住んでいた「ハロシェト・ハゴイム」がどこなのか、他には出てこない地名なのでわかりませんが、そのまま訳しますと「異邦人の森」となります。「異邦人のガリラヤ」という表現がありますように、おそらく、ガリラヤの山地のどこかの森林地帯をさすものと思われます。カナンの王として君臨するヤビンには鉄の戦車九百両を有する強力な軍隊がありました。その力に屈服して、イスラエルの人々は二十年に亘る屈辱を味わいました。そこでようやく悔い改めて、「主に助けを求めて叫んだ」ので、主はまたもや救いの手を差し伸べ、士師を起こしてくださいました。

デボラとバラク

今回の士師は「ラピドトの妻、女預言者デボラ」です。彼女はエフライムの山地の「デボラのナツメヤシの木」に拠点を置いて、士師として裁きを行っていました。「裁きを行う」とは、人々の持ち寄るさまざまな問題に裁定を下す働きです。『申命記』一七章八節には、次のような指示が記されています。

あなたの町で、流血、もめ事、傷害などの訴えを裁くのが極めて難しいならば、直ちにあなたの神、主が選ばれる場所に上り、レビ人である祭司およびその時、任に就いている裁判人のもとに行って尋ねなさい。彼らが判決を告げるであろう。

後にイスラエルに王国が誕生し、エルサレムの神殿に権威が集中するまでは、人々は各地に立てられた聖所に出かけて、そこで主の裁きを求めました。デボラは預言者でしたから、主から御言葉を受けて裁きを行っていた、ということでしょう。それはちょうど、モーセが会見の幕屋で行っていた務めに似ています。

父権的な社会を背景とする聖書では、イスラエルの公的な職務に女性が任じられることは基本的にはありません。けれども、預言の力は神の自由なカリスマですので、性別を超えて、神が選んだ人物に与えられます。他にもたとえば、モーセの姉ミリアムも預言者であって、兄のアロンとともにモーセの独占的な権威に異議を申し立てたこともありました。『歴代誌下』三四章ではヨシア王の時代にフルダという名の女性の預言者がいて主の託宣を王と側近の者たちに告げています。また、『ネヘミヤ書』六章にはネヘミヤがノアドヤという女預言者に苦しめられたと言っている箇所があります。そして、大預言者であるイザヤには同じ預言者仲間の女性との間に子どもが生まれたことが知られています（八章六節）。こと御言葉を伝えるという預言者の務めに関して言えば、聖書には男性・女性の区別はありません。

デボラが士師に任命されていながら、しかし今回の戦いは別の人物によって進められます。アビノアムの子バラクです。ちなみに、「デボラ」という名は蜂を意味します。「バラク」は稲妻です。バラクはナフタリ族の人間でケデシュというガリラヤの町に住んでいました。そして今回は、ナフタリとゼブルンのそれぞれの部族が招集されてシセラとの戦いに臨むことになりました。

ゼブルンとナフタリによる戦い

デボラから主の命令が発せられて、ナフタリ人とゼブルン人からなる一万の軍隊がタボル山に集結しました。その際、バラクは預言者デボラに同行を求めました。八節には、その強い要請が記されていますが、デボラが同行しなければならない理由については何もありません。ただ、ギリシア語訳（七十人訳）には、ヘブライ語本文にはない説明が加えられていて、あなたが来なければ、主が戦いに勝たせてくれる日がいつかわからないから、と言っています。これに答えるかたちで、一四節に「主がシセラをあなたの手にお渡しになる日が来ました」とありますから、ギリシア語本文の説明も文脈からすれば間違いではないでしょう。こうしてデボラとバラクは共に戦いに出ることになり、いよいよ決戦が近づきました。今回のデボラとバラクの関係は、ちょうど、モーセとヨシュアのような関係になるかと思います。モーセが主の言葉を告げ、ヨシュアがそれを実践した、と『ヨシュア記』には念入りに書かれていました。それと同じように、預言者デボラが主の言葉を告げ、バラクがそれに励まされて主の御旨を実行します。

主の戦い

この戦いが、本質的にはデボラでもバラクでもなく、主なる神の戦いであることは、ここに登場する第三の人物、ヘベル人ヤエルの存在から明らかになります。デボラはバラクに同行することを約束するのですが、ただし、バラクには戦勝の栄誉はもたらされないと予め預言しています。なぜなら、「主は女の手にシセラを売り渡される」。つまり、この戦いは主の戦いであって、神のご計画どおりに進むからだということをデボラはバラクに納得させようとしています。バラクはそのために召された勇士でした。

一一節の記述が、ヘベルの妻ヤエルの活躍の伏線となります。これも主が用意されていたこととの含みがあるのだろうと思います。当時そこにカイン人ヘベルがバラクの故郷であるケデシュに近い「エロン・ベツァアナニム」の近くに逗留していました。「カイン人」とは、モーセの姑であるホバブが属する部族で『出エジプト記』では「ケニ人」と呼ばれています。そこではモーセの姑は「エトロ」という名でしたが、ホバブはその別名ということになります。彼らはかつてモーセにイスラエルとの同行を乞われましたが、それを断って別の道をいったという経緯があります。けれども、カナンに生息して、実際には近いところで生活するようになりました。ヘベルの家族はその仲間たちからは離れて、ケデシュに近いところにたまたま天幕を張っていた。一七節によれば、彼らはハツォルの王ヤビンとも平和を保っていました。そのところで、イスラエルとヤビンとの間の戦いが始まったわけです。

一四節から一六節に、戦闘の様子が簡潔に記されています。デボラはバラクに出撃の言葉を与えます。そこで注目すべきは、「主が、あなたに先立って出て行かれた」との言葉です。これは、かつて神が葦の海でエジプトの軍隊と戦われた時のことを思い起こしますし、また後にダビデがペリシテと戦う時のことをも思い起こさせます。一五節をみますと、「主は……すべての戦車、軍勢を混乱させられた」とあります。『出エジプト記』一四章にある主の戦いと同じです。二四節と二五節です。

朝の見張りのころ、主は火と雲の柱からエジプト軍を見下ろし、エジプト軍をかき乱された。戦車の車輪をはずし、進みにくくされた。エジプト人は言った。「イスラエルの前から退却しよう。主が彼らのためにエジプトと戦っておられる。」

敵の軍勢が「すべて剣に倒れ、一人も残らなかった」のも、葦の海と同様、主の戦いの結果です（『出エジプト記』一四章二八節）。こうして見ますと、結局バラクが行ったのは最後に敵を「追いつめた」ことだけです。そして、決定的な勝利は一人の女性の手に委ねられることになります。

ヘベルの妻ヤエル

乗っていた戦車を覆されて、シセラは戦場から走って逃げました。ちょうどそこにヘベル一族の幕場があり、ヘベルの妻ヤエルがシセラを天幕に迎え入れることになりました。友好的な部族を見つけて、ほっとしたことと思います。ヤエルは丁寧に将軍を招き入れて、あらゆる不安を取り除き、彼を休ませます。「水を飲ませて欲しい」と乞われて、水を持ってくるのは、聖書では親密な関係の表れです。ヤエルは、しかし、水ではなくミルクを与え、シセラを和ませ、平和な眠りへと誘います。将軍は追っ手を警戒して、ヤエルに見張りを命じますが、やがて深い眠りに落ちた将軍シセラは、ヤエルの下した一撃によって命を落としました。蜂の一撃、でしたらデボラの方がふさわしかったかもしれませんが、イスラエルを勝利に導いたのは異邦人の女性の知恵と勇気ある行動でした。

こうして、デボラ、バラク、ヤエルの働きで、イスラエルはシセラとの戦いに勝利しました。その後もカナンの王ヤビンとの戦いが続いた模様ですが、シセラが死んだその日に、イスラエルの勝利が決定しました。こうして、カナンの王による圧政から人々は解放されて、願った平和が訪れました。ここで今までの書き方ですと、士師が国を裁き、何年間平穏であったと締めくくられるところですが、それは五章の終わりに持ち越されます。五章では、この戦いを歌った「デボラの歌」がまだ続きます。

神の勝利

これは古代において戦われた主の戦いを伝えるエピソードです。かつて、主がエジプトと自ら戦い、御自分の民を守られたように、カナンの地で歴史を始めたイスラエルもまた、主の戦いを経験して、それを、世代を継いで語り伝えました。これによって、イスラエルの人々は自分たちの強さを誇ったのではありません。自分たちは罪深く、弱い者ではあっても、神が戦ってくださる時に、平和を得て、長く生きることができることを学びました。聖書はこの真実をいつまでも語り続けます。神は人間の罪に、御子キリストの十字架と復活によって戦われました。それは、罪ある人間にもたらされた完全な勝利です。死の滅びへと世界を誘う悪の力に対する神の勝利が、キリストを通して人に与えられました。主の戦いは今も私たちのところで戦われます。私たちの心に聖書の言葉を与えて、私たちの信仰をとおして、私たちの生活の中で戦われます。神に信頼して、機を逃さずに、主の御旨を選び取ってまいりましょう。

天の父なる御神、あなたは深いご計画と憐れみをもってイスラエルを贖い、平和な時代へと返してくださいました。私たちもただあなたに救いを求めます。どうか、御旨にある救いのご計画が、私たちの時代にも働いて、人々があなたに立ち帰ることができ、魂の安息を受けることができるようにしてください。そのために私たちの小さな器がふさわしく用いられますように。主イエス・キリストの御名によって祈ります。アーメン。

五　デボラの歌

五章一―三一節

歌と物語

イスラエルの人々を救うために神から遣わされた三人目の士師、女預言者デボラと、その他ふたりの活躍が四章で語られました。そして、五章では歌が続きます。ちょうど『出エジプト記』で葦の海の救いが語られた後、モーセによる「海の歌」が続いたのと同じです。聖書を書き記したイスラエルの民は、自分たちが経験した救いの出来事を物語にして語り継いだばかりではなくて、歌にして後の世代に伝えました。

物語が伝えるのは主の御業の証しです。神がどのような時に、どのようにイスラエルに対して振る舞ったかが歴史の出来事として語られます。歌もまた、それと同じ役割を果たしますが、同時にそこには歌ならではの働きがあります。それは神の御業をほめたたえることです。神の救いは必ず民の讃美を惹き起こします。聖書が語る神の御業は、それにふさわしい民の応答を伴います。それが、こうして物語と歌という形にも表れ、また聖書の言葉を聴く現在の聞き手である私たちと神との関係をも表します。神は私たちに御言葉によって救いを与え、私たちは心からの感謝と讃美の歌によって礼拝をささげます。

讃美

この歌は通常「デボラの歌」と呼ばれます。けれども、一節によれば「デボラとバラクの歌」とした方が良さそうです。ただ、歌の中ではデボラが「わたし」と一人称で歌います。

二節と三節の歌い出しでは、神への讃美がささげられます。ここにこの歌全体の目的があります。「民が髪を伸ばす」ことがなぜ讃美につながるのか不思議に思われますが、このところは元の言葉が難しいために議論のあるところです。『新改訳聖書』によれば「民が髪の毛を乱すとき」、『口語訳』では「指導者たちが先に立ち」と、かなり訳が違います。この歌には、ここにしか出てこない独特の表現や単語があって、翻訳の間での食い違いが多く見られます。その全部をここで説明はいたしませんが、もともとそういう難しい歌であることをご承知ください。なぜそうなのかと多くの研究がなされていますが、おそらくこれが記された北王国時代の方言が混じっているためと思われます。

「髪を伸ばす」とは、ナジル人の誓願を立てることを表すと解釈されると、このような訳となります。『民数記』六章五節には、「ナジル人の誓願期間中は、頭にかみそりを当ててはならない。主に献身している期間が満ちる日まで、その人は聖なる者であり、髪は長く伸ばしておく」とあります。『士師記』では最後の士師として登場するサムソンが、そのナジル人として捧げられた人であって、髪の毛に刃を当てないでいる間、神の力が宿っていました。そうすると「髪を伸ばし」「進んで身をささげる」ことが一つのこととして理解できるようになります。『新改訳聖書』や『岩波聖書』のように「髪をふり乱し」としますと、イスラエルの兵士たちが戦いに出ていく時の描写となります。元の語がわからないので、こうして文脈から類推するよりほかはありません。

「進んで身をささげる」とは、神への献身を表します。これは、神にささげものをする際によく用いられる言葉です。イスラエルの信仰においては、自発的に、喜んで、神に従うことが求められました。『出エジプト記』では、幕屋の建設が命じられたとき、イスラエルの民はモーセの呼びかけに答えて、自分から進んで必要以上のささげものを携えて集まりました。また『歴代誌』では、ダビデが神殿建設をする際、率先して多大な献金をしたところ、他の者たちも自分から金銀を持ち寄って建設事業に参加しました。主に救われた民は、もはや奴隷ではありませんから、神に献身を誓うとしても、それは自発的に、心から喜んでなすものでなくてはなりませんでした。これは私たちの信仰も同じです。親の保護下にある場合はともかく、洗礼を受けるにしても信仰告白をするにしても自分の自由な意志で、主に従う決心が求められます。また、教会生活の中で求められる献金や奉仕、集会への出席などすべてがそうです。他人に言われたり周りを見て合わせるのではなくて、自分の自由な心から喜んでささげることが大切です。そして、そのような心を与えてくださるのも恵みであって、聖霊の働きによります。

主への讃美を喜んでくださるのは神に違いありませんが、讃美の歌には人間の聞き手があります。

もろもろの王よ、聞け／君主らよ、耳を傾けよ。わたしは主に向かって歌う。
イスラエルの神、主に向かって／わたしは賛美の歌をうたう。

ここで「聞け」と呼びかけられているのは、この世の王侯たちです。主なる神の力が発揮されて、イスラエルが勝利を得た時の凱歌が世界に向けられます。神の救いを記念して歌う賛歌は、こうして世界に向けての宣教に用いられます。イスラエルの勝利はイスラエルのためだけのものではありません。むしろそれは神ご自身の栄光のためであり、そして神の御旨はその栄光を目で見た、耳で聞いた人々が、真の神に立ち帰って礼拝するようになることです。教会の礼拝でも讃美が大切にされています。それは、神をほめたたえることで、人々に神の救いを呼びかけるためです。歌をうたうこと、それ自体は楽しいことに違いありませんし、癒しの効果もあります。けれども、教会の讃美は、神へと向かい、隣人へと向かう、利他的な奉仕であることを忘れないようにしたいと思います。

主の救いを語る

四節からは主の救いの御業が語られます。天地の創造主であるお方の力は、自然の動きをとおして知られます。大地が震え、天から大水が降り注ぎ、山々が「溶け去る」との描写は、『詩編』などの歌の中によく現れるモチーフです。「山が溶け去る」とは不思議に思いますが、山崩れをさすのか、噴火をさすのかはよくわかりません。パレスチナには火山はありませんから、「噴火」という解釈はあまり聞きませんが、シナイ山において神が火と煙の中に下ってこられるあたりの描写はまさにそれにふさわしいものと思われます。大自然の鳴動に対する畏れは、それを超える神への畏怖に近づきます。人の宗教心の根源は驚きにある、とは世の宗教学者たちも指摘するところです。

四節と五節は、そうした力ある神の出陣を語っています。「セイル」「エドム」とはヨルダン川東岸の南に当たる地域ですが、そこはイスラエルがシナイからカナンをめざして辿った道の上にあります。イスラエルの民がカナンに到着した時、諸国の民は動揺した、と記すのが普通でしょうが、ここでは主なる神が前面に出て、イスラエルの戦いは神の戦いであると証しします。葦の海の戦いに際しても、神は火と煙と大水によってエジプトの軍隊と戦いました。カナンにおける戦いもまた、イスラエルを解放するための主の戦いです。

六節から、すでに四章で語られた出来事が歌に載せて述べられます。イスラエルがカナンの王に屈服した時代、神は士師デボラを遣わされました。この歌ではデボラは「イスラエルの母」と呼ばれています。イスラエルの村々が絶え、道が廃れたのは、彼らが主なる神を捨て、新しい神々を選んで偶像崇拝の罪に陥ったためでした。「四万人」とは典型的な数字で、おそらく「全軍」をさしています。イスラエルは武装解除されて、敵の攻撃になすすべもなかった、ということです。しかし、デボラが立ち上がり、民の真の献身者たちと心を一つにして、主をたたえながら、主の救いを実現しました。

デボラとバラクに率いられて、イスラエルの各部族も戦いました。ここでは、十二部族の全体が揃った、ということは意図されていません。ユダ、シメオン、レビ、といった南の部族は出ていません。「キション川の戦い」と呼ばれるこの戦いは、イスラエルの北の部族を中心に戦われています。名前が挙がっている部族の中で、「マキル」と「ギレアド」がいささか例外的にみえます。マキルはマナセの子の名前であり、ギレアドはマキルの子でマナセの孫に当たりますから、合わせてマナセの部族をさすものと思われます。二三節に出てくる「メロズ」とは町の名前のようですが、これはここにしか出ませんので特定できません。

そして、ルベン、ギレアド、ダン、アシェルの四部族は、主の戦いに加わらなかったことが責められています。兄弟が苦境に陥ったとき、それを眺めていてはならない、とは預言者オバデヤを通じて主が語ったことでした。ただ、ここには別の読み方も提案されています。一六節以下にくり返される「なぜ」は「〜してはならない」もしくは「〜しない」という否定の語として読むことができます。そうすると、ルベンは、のんびり羊を飼っている場合ではない、と心に期するものがあった、ということです。ギレアドは、ヨルダンの向こうにとどまらず、ダンは舟に宿ってはおらず、ということになります。結局は、皆、兄弟たちの戦いを見物してはおれなかった、ということです。

二〇節に「もろもろの星は天から戦いに加わり、その軌道から……戦った」とありますが、これは天の軍勢を率いて戦う万軍の主を表します。『ヨシュア記』一〇章に記されたギブオンの戦いでは、太陽と月が通常の運行を止めてイスラエルに味方した、と書かれています。そして、キション川の戦いは、ノアの洪水や葦の海の戦いと同じく、大水が敵を飲み込む形で決着します。これは四章には記されていない出来事です。

ヤエルの勝利、民の祈り

敵の将軍シセラを倒した、カイン人へベルの妻ヤエルもまた歌によって記念されます。彼女は「女たちの中で最も祝福される」と称賛されます。私たちはここでも異邦人の女性が果たした記念すべき出来事に出合います。カイン人へベルはカナンの王と平和な関係にあった、と語られていましたが、ヤエルは勇気を奮って賢くふるまい、イスラエルの側に立ちました。メロズの人々は「主を助けに来なかった」のですが、ヤエルは一人で敵の将軍に立ち向かいました。

シセラの母についての描写もまた、物語にはなかった要素です。息子の帰りを待ちわびて窓の外を眺める将軍の母の姿は、この出来事を悲劇的にいっそうドラマチックにしています。女官たちはおそらく事を察しているのでしょう。けれども、王女を悲しませないよう心を配って、「戦利品を分け合っている」などと嘘を言ったのでしょう。そして、母親はそれを自分の心に言い聞かせている。この歌は、こうして戦争の悲劇の中に主なる神の働きをみています。この点では、この歌に描かれたイスラエルの戦いは単なる活劇ではなく、歴史に映し出される神の裁きの側面をも私たちに見せています。

歌の締めくくりは三一節、

　このように、主よ、あなたの敵がことごとく滅び、主を愛する者が日の出の勢いを得ますように。

自らの信仰の弱さ、罪の結果とは言え、周辺諸国との厳しい戦いを強いられた神の民イスラエルは、語り継がれたイスラエルの戦いに学びながら、主の正しい裁きが世に現れることをこのように祈りました。しかし、敵は、必ずしも敵対する異教徒たちではなく、むしろ神に背く自分の心の内にもある、ということをさらにイスラエルは歴史を通じて学びます。そして、神が滅ぼそうとされているのはその敵、人を悪へと誘い込むサタンです。「主を愛する者が日の出の勢いを得る」のは、サタンに対する裁きが決定的となった時です。イエス・キリストが十字架にかかり、罪人の贖いを果たされて復活なさった時、それは本当の意味で実現しました。そのキリストによる勝利をめざして、イスラエルの民は救いの出来事を語り継ぎ、歌と祈りによって信仰の旅路を続けます。

天の父なる御神、かつてイスラエルが信仰を試されながら、あなたの憐れみの中を歩んでいきましたように、主の教会に召された私たちも、日々、信仰の戦いを強いられ、あなたの救いを必要としています。どうか、主を愛する者は日の出の勢いを得る、と言われていますように、私たちの内に聖霊を送り、あなたへの愛を強め、あなたの御業に喜んで出ていく勇気と力をお与えください。

今週も主の御支配のもとで、平穏に過ごすことができますように、私たちをお守りください。主イエス・キリストの御名によって祈ります。アーメン。

六　ギデオンの召命

六章一－四〇節

大士師ギデオン

『ヘブライ人への手紙』一一章三二節に、信仰に生きた旧約の英雄たちの名前が列挙されていて、その中に「ギデオン、バラク、サムソン、エフタ」と四人の士師たちの名が現れます。『士師記』の中でよく人の記憶に残るのは、印象深い説話を伴ったこれら大士師たちの活躍でしょう。ギデオンにまつわる話はこの六章から九章まで続きます。毎回一章ずつ取り上げていますので、しばらく私たちはギデオンの出来事に聞いてまいります。

預言者による審判

これまでの記事と同じように、決まり文句が用いられて、次の話が導かれます。一つの平和な時代が過ぎますと、またもや「イスラエルの人々は、主の目に悪とされることを行った」のでして、主の罰として新たな敵が現れます。今度の相手はミディアン人です。ミディアン人は『創世記』によれば、アブラハムが正妻のサラをなくした後に娶ったケトラの子孫で、ラクダを操る遊牧民でした。イスラエルとの関係で言えば、モーセの妻となったツィポラがミディアンの祭司であるエトロの娘であり、荒れ野を旅する間に助言を得たりもして友好的であったりもしたのですが、『民数記』ではモアブと結託してイスラエルの敵となり、モーセの率いるイスラエルがこれを撃退したこともありました。今回はこのミディアン人が起こされて、「七年間」イスラエルを苦しめます。これまでと比べますと短い期間ですし、また、彼らがイスラエルを「支配した」とは書いてありません。むしろ、彼らは同じ遊牧民であるアマレク人やヨルダン川東方の諸民族と結託して、五節にありますように「イナゴの大群」のようにやってきては、土地を荒らして回りました。それで、人々は山に逃れて、自然の洞窟を利用したり、地下壕を掘ったり、要塞を立てたりの疎開生活を強いられました。

そこでイスラエルの人々はようやく信仰に立ち帰って「主に助けを求めて叫んだ」のですけれども、今まではそこですぐに士師が起こされるのですが、今回はまず預言者が遣わされて主の裁きが告げられます。神からの救いが与えられる前に、人々の悔い改めがさらに吟味されます。預言者が告げているのは、イスラエルの民が忘れてはならない主の救いの御業と、約束を守って土地を与えてくださった恵み、そして異なる神に跪いてはならないという主との契約の絆です。それはイスラエルが土地を与えられて今生かされているところの理由でした。「だがあなたたちは、わたしの声に聞き従わなかった」（一〇節）。この背きの罪に気がついて神に立ち帰ることがイスラエルに求められます。

ギデオンの召命

しかし、これまでと同じように、イスラエルの救いは主なる神のご計画に従って一方的に進められます。主の御使いがアビエゼル人ヨアシュの子ギデオンのもとに送られます。「アビエゼル」という人については、『ヨシュア記』の中でマナセの子として筆頭に挙げられています。ですから、ギデオンはマナセ族に属します。一一節から二四節にかけてはギデオンの召命記事です。士師の召命について詳しく記されるのは、これが初めてです。神がご自身の働きに僕を召し出される召命記事としては『出エジプト記』三章にあるモーセの召命記事がよく知られています。他にもイザヤやエレミヤ、エゼキエルといった大預言者たちには、彼らがどのように主に召されたかを丁寧に語る記事が書物の最初に記されます。

この召命記事にはある型があります。まず、主なる神もしくは御使いが現れ、預言者を主の働き手として民に派遣する旨を伝えます。そうすると主の僕は自らの非力を知って主の召しを拒みます。すると、神は僕を励まし、共にいるとの約束を与えます。最後にはしるしが与えられて、僕は神の働きへと出ていきます。この型に表される主の僕の特徴は、人間的な弱さです。神の救いを実現するために召される人々は、必ずしも初めから英雄的な素質を備えた者ではありません。モーセについて言えば、彼は自分が口べただから人々を説得できないと断りました。後に神から律法を与えられて、それを人々の語ることによって神の口とされた人ですけれども、もともとモーセは人殺しをしてエジプトを追われた身でありましたし、言葉の人ではなかったわけです。その彼がイスラエルには他に比べることのできない、律法授与者という特別な地位を得たのは、ひたすら神が彼を召しておられたからでして、そのことを知るモーセ自身はこの世の誰にも優って謙遜であったと伝えられています。また、旧約聖書きっての英雄として称えられるダビデも、もともと兄弟の末っ子で、兄たちが立派な兵士として王に仕えている一方で羊の番をしている少年にすぎませんでした。それがイスラエルを統一する王となるにまで至ったのは、一重に主が彼を選ばれて、彼と共にいてくださったからです。

ギデオンが主に召される経緯もまた、そうした召命の型に従って描かれます。彼もまた初めから勇敢な指導者であったわけではありませんでした。御使いが彼のもとに送られてきたとき——ちなみに、前にも言いましたが、「御使い」とは背中に羽の生えた天使のことではありませんでして、ギデオンから見れば普通の人に見えたはずです——、ギデオンはミディアン人を恐れて酒ぶねの中に隠れて仕事をしていました。「酒ぶね」とは葡萄酒を作るための葡萄の圧搾機のことです。御使いは彼に「勇者よ」と語りかけますが、彼は自分のような身分も地位もないものが、どうしてイスラエルを救い出すようなことができるのかと、主の召しに反論します。すると主はギデオンに「わたしが共にいるから」と励まし、必ず敵を倒すことができると約束します。

ところで、この文脈では「主の御使い」がいつのまにか「主」になっていたり、「神の御使い」と言い換えられていますが、ギデオンの対話の相手は「主の御使い」一人であるはずです。御使いが語る言葉が神の言葉なので、こういう入れ替えが可能になるのだと思います。ここはあまり気にしないで、対話の場面を追えばよろしいところです。

ギデオンはまだ食い下がりまして、神にしるしを求めました。アブラハムがかつて、イサクの誕生を告げに来た神の遣いたちに食事を振る舞ったのと同じように、ギデオンは主の御使いをもてなそうとします。「酵母を入れないパン」とは急いで焼いたパンであることをさしていますが、これはまた過ぎ越しのパンでもあります。御使いはこれを自分で食べることなく、神の火で焼き尽くすことによって、ギデオンのささげものを主にささげ、これをしるしとして彼に与えました。後に預言者エリヤがバアルの預言者たちとの対決に臨む時も、これと同じしるしが与えられます。

昔イスラエルの人々の間では、神を見る者はその聖性に耐えられず、裁きを招いて死ぬと信じられていましたから、ギデオンが今話をしていた相手が天使であったことを知ったとき、自分も死ぬに違いないと恐れました。けれども、神は「安心しなさい」と声をかけて、彼の不安を取り除いてくださいました。「安心しなさい」と翻訳されていますが、元の言葉では「平和があるように」です。「平和の主」と呼ばれた祭壇は、そこから名が取られています。このようにしてギデオンは士師に召されて、イスラエルを救うために遣わされることになりました。

バアルの祭壇を切り倒す

七年の苦しみが与えられた後、ギデオンをとおしてイスラエルに救いを与える神のお働きは迅速です。主が彼をお召しになったその夜、ギデオンはバアルの祭壇を破壊するために遣わされます。ここでも彼は決して勇敢ではなく、周りを気にしながらそれを果たす、普通の若者のようです。ギデオンは一人で出かけたのではなく、十人の召使いたちを同行させました。そして、周りの目を気にして昼間ではなく、誰も見ていない夜中に主の命令を果たして、バアルの祭壇を壊し、アシェラ像を切り倒しました。

町にバアルの祭壇があり、その側にアシェラ像が立っていた、という事実がイスラエルの堕落を語っています。主はモーセに命じて、『申命記』で次のように告げています。

あなたは、あなたの神、主の祭壇を築いて、そのそばに、アシェラ像をはじめいかなる木の柱も据えてはならない。（一六章二一節）

このような偶像崇拝が神の怒りを惹き起こし、イスラエルを敵の手に引き渡す原因でした。ですから、イスラエルの人々が心から神に立ち帰るためには、民の中にある偶像崇拝を一掃しなければなりません。そこでギデオンが主のもとから遣わされて、このような振る舞いに及んだわけです。

『申命記』七章五節で、モーセは民に次のように命じています。

あなたのなすべきことは、彼らの祭壇を倒し、石柱を砕き、アシェラの像を粉々にし、偶像を火で焼き払うことである。

ここに「アシェラ像を粉々にする」と言われますが、アシェラ像は木像ですから、「切り刻む」「寸断する」のがふさわしいと思います。そして、これが「ギデオン」という名の由来です。ギデオンはその名のとおり、真の神に背かせる偽りの神々との関係を「断ち切った」のでした。

町の人々がそれでただちに悔い改めたのではありません。むしろ予想されたとおり、人々は犯人探しを始めて、やがてギデオンにいきつきます。彼らはギデオンの家に押し掛け、彼を引き出して殺そうとやっきになります。こういう町の人々の姿は、ソドムの町の住民や、『士師記』一九章のエピソードにあるギブアの住民に重なります。そこで父親のヨアシュがそこで息子を庇い、人々の目を覚ますように呼びかけます。

バアルをかばって争う者は朝とならぬうちに殺される。もしバアルが神なら、自分の祭壇が壊されたのだから、自分で争うだろう。

一日の猶予が与えられて、翌朝までに決着がつく、と言います。もしバアルが神であるなら、バアルが怒って自分の祭壇のためにギデオンと争うに違いない。しかし、主なる神が真の神であれば、バアルにつくものは罰せられる。真の神はどなたなのか、命をかけた自分の責任で選択せよ、ということです。町の人々がそれにどう答えたかはもう記されませんが、こうしてギデオンによる裁きが今度はイスラエルに対するしるしとなり、イスラエル解放の時が近づきます。

神のしるし

そしていよいよ、沙漠の民との決戦が迫る中、ギデオンはイスラエルを戦いに招集します。

「主の霊がギデオンを覆った」とあります。通常の言い方ですと、「主の霊が臨んだ」とか「主の霊に満たされた」となるのですが、意味は同じことです。主がギデオンと共におり、ここから主の戦いが始まります。今回の戦いは、マナセを中心にしてイズレエル平野に隣接する諸部族によってなされます。戦いの前に、ギデオンは再び神にしるしを求めました。主の霊に覆われてもギデオンはギデオンです。決して「神がかり」になったのではなく、自分の弱さを自覚した上での出陣ですから、神からの確証が欲しかったのに違いありません。求めたしるしは自然の働きです。麦打ち場に羊毛を一晩放っておき、それが夜露に濡れて、しかし、土は乾いているようにしてくれ、と言います。それ自体、特に意味のあることとは思えませんが、主はこれに答えてそのとおりにされました。しかし、証言には二人以上のものが求められたように、ギデオンは再び神にしるしを求めます。今度は反対に、羊毛が乾いていて、地面が濡れているように。最初のものが気温の変化でありそうだとしても、今度は正反対のことが続くようにということですから、期待されているのは自然を超えたところの神の力が現れることです。これにも神は答えられて、ギデオンの注文どおりにしてくださいました。

こうして、ギデオンの召命には度重なるしるしが与えられて、ギデオンは神に励まされて士師となりました。主イエスの時代に、「ユダヤ人はしるしを欲しがる」と非難されますけれども、旧約聖書の信仰からすると無理のないところもあります。旧約の時代、まだ士師たちが活躍していた時代には、神はその時にふさわしいしかたで御自分の民に接し、しるしを与えてくださいました。それは、「わたしがあなたと共にいる」とのしるし、「あなたの手によって民を救う」とのしるしです。新約の時代には、私たちの現在もそうですが、超自然的なしるしはもはや必要とされず、ただ、神が与えたただ一つのしるしが教会に与えられています。御子キリストの十字架と復活というしるしです。そこに、「わたしは共にいる」「わたしはすでにサタンに勝っている」との確かな言葉を聞くときに、普通に弱さと臆病さをもつ私たちにも、困難に打ち勝つ力が与えられます。

天の父なる御神、あなたは私たちの罪や弱さにかかわらず、御旨の中にある救いを必ず果たしてくださいます。どうか、御言葉に示されている福音の真実に頼って、私たちが勇気をもって、すべてのことに向かっていくことができるようにしてください。力を失って恐れに取りつかれている人々にも、どうか、御言葉による励ましを与え、あなたの恵みの中で生きる力をお与えください。主イエス・キリストの御名によって祈ります。アーメン。

七　ギデオンの勝利

七章一―二五節

三百人の選抜

マナセの部族に属するヨアシュの子ギデオンは、イスラエルの中にあっては取るにたらない若者の一人でしたけれども、主なる神の召しによって民を救う士師となり、主に命じられるままバアルの神殿を破壊して「エルバアル」と呼ばれるようになりました。本章では、いよいよギデオンによる敵との戦いが物語られます。

ギデオンの招集によってイズレエル平野に集結したマナセ、アシェル、ゼブルン、ナフタリの各部族からなるイスラエル軍は、エン・ハロド（恐れの泉）でミディアンの敵軍に対峙します。戦いを始める前に、主はギデオンに命じて、出陣する兵士の数を縮小するように言います。『申命記』二〇章八節に、戦争に関する次のようなモーセの掟があります。

恐れて心ひるんでいる者はいないか。その人は家に帰りなさい。彼の心と同じように同胞の心が挫けるといけないから。

全軍の兵力は三万二千人、そこから怖じ気をふるっている者を帰宅させて、残った兵士は一万人となりました。しかし、主はそれでも多すぎると言われます。兵力を落とすことが戦いに有利に運ぶ訳はありません。このことについての主の目的は二節で次のように述べられます。

あなたの率いる民は多すぎるので、ミディアン人をその手に渡すわけにはいかない。渡せば、イスラエルはわたしに向かって心がおごり、自分の手で救いを勝ち取ったと言うであろう。

この戦はイスラエルを解放するための主の戦いであり、戦の勝利は主の栄光となります。人がそれを顧みずに自分自身の誇りにしてしまわないように、戦いはむしろ不利な戦局から始めなくてはならない、との計らいです。『詩編』四四編に次のような告白があります。

先祖が自分の剣によって領土を取ったのでも／自分の腕の力によって勝利を得たのでもなく／あなたの右の御手、あなたの御腕／あなたの御顔の光によるものでした。これがあなたのお望みでした。

このような告白へと民を導くために、神はギデオンに兵を減らすという一見無謀ともみえる命令を与えました。

一万人からさらに兵士を減らすための選抜は水辺でなされました。泉のほとりへ連れて行かれた兵士たちは、各々に喉を潤したのでしょうけれども、その様子から兵の選別が行われます。この選別のしかたを記した五節から七節にある本文は難解です。その一つの解決は、ここで翻訳されたとおりの読み方です。ある者たちは、犬のような姿勢で水面にかがみ込んで水を飲んでいました。またある者は水を手にすくってから口にしていました。この後者に当たる者が三百名いたとのことで、彼らが主のお選びになった精鋭部隊となりました。なぜ、彼らなのかという点には説明がありません。神の選びには特に理由はないのかもしれませんが、「犬のようにかがみこんで」水を飲む者たちは、あまりにも油断しすぎていて戦闘には適していないから、という説明が昔からなされています。

他方、ここには別の読み方もあります。一つひとつの語によく注意して読みますと、ここは簡単には理解できないところです。五節には「犬のように舌で水をなめる者、すなわち膝をついてかがんで水を飲む者はすべて別にしなさい」とありますが、そこにある「すなわち」とは解釈のために補った語です。原文では、「犬のように舌で水をなめる者はすべて別にしなさい、膝をついてかがんで水を飲む者は」となります。つまり、その両者が一つのグループになるのではなくて、それぞれ二つに分けられている、とも読むことができます。ギリシア語訳ではそのような読み方になっています。六節にある区別を見ますと、片や「水を手にすくってすすった者」であり、これが三百人ですが、退けられた残りの者は「膝をついてかがんで水を飲んだ者」となります。先の「水を手にすくってすすった者」と言われているところの「すする」とは、本来「なめる」と書いてあります。そうして五節と六節の調和を計りますと、「水を手にすくって犬のようになめた者」と「膝をついてかがんでゴクゴク水を飲んだ者」とが区別されることになります。ただ、そうしますとまだ少しおかしな感じもします。「犬のようになめる」のだとすると、犬は手で水をすくいません。他方、膝をかがめて飲むのだとすると、通常、人は水を手ですくって口に運びます。ですから、おそらくここは本来次のような区別であったのではないか、と修正の提案がなされています。第一のグループは「犬のように舌で水をなめた者」、第二のグループは水辺に膝をかがめて手で水をすくって飲んだ者。六節の文は「手にすくって」という文節が誤って前に移動したものとされます。七節に「手から水をすすった三百人」とありますが、原文ではここに「手から」という語はありません。「水をなめた者」とあるだけです。そうしますと、こちらの読み方の意図するところは、選ばれた三百人は彼らが優れていたからではなく、むしろ、

「犬のように」卑しい身振りをしてみせたにもかかわらず、「膝をかがめて」偶像崇拝を暗示させるような者たちよりもふさわしいと判断されて、主に選ばれている。主は見た目に優れた者をお選びになるのではなく、弱いけれども忠実な者たちを選んで御自分の働きをなさるからです。

夢のお告げ

さて、そうした三百人を引き連れて戦いに向かうその夜、ギデオンにさらなるしるしが加えられます。主は戦いに先立って「敵をギデオンの手に渡す」と約束されました。しかし、「もし下って行くのが恐ろしいなら」と彼の心の内を見透かして前もってしるしをお与えになります。『イザヤ書』四二章九節に、「新しいことをわたしは告げよう。それが芽生えてくる前に、わたしはあなたたちにそれを聞かせよう」とあるように、今度は夢をとおしてお告げが与えられます。

敵の軍勢は、いなごのように数多く、海辺の砂のように数えきれないラクダを伴ってやってきていました。ギデオンはそれにたったの三百人で立ち向かわねばなりません。たとえ「主の霊に覆われて」いても、戦争も経験していないギデオンが恐れたとしてもおかしくはありません。そこで、ギデオンは主の仰せのとおりに従者プラの同伴を得て、敵の陣地の端っこまで身を隠して出て行きます。そこで彼が耳にした会話は、おかしな夢の話でした。かつて神はエジプトでファラオの従者たちに夢をとおして将来を告げ、ヨセフがそこから主の言葉を受け取るようにされました。それと同じように、ギデオンが敵陣で耳にしたある男の夢は、神がギデオンの剣によってミディアンを敗北させる、ことを語っていました。「大麦の丸いパン」とは、すでにカナンで農業を営んでいたイスラエルを象徴的に表します。それに覆されてしまう「天幕」は、遊牧民であるミディアンとその仲間たちを表しています。ギデオンは、こうして敵の夢の話とその解釈を聞いて、神の言葉に励まされて戦いに出ることができました。

主の剣

数えきれない程の敵に対してギデオンが取った戦略は、後にアンモン人との戦いでサウルが取ったものと同じです。彼らの武器は角笛と水がめに隠した松明でした。ギデオンは三百人の兵を三つの隊に分け、敵の陣営を包囲させます。そして、人々が眠りにつき、敵の見張りも疲れを覚える真夜中に、手にした角笛を一斉に吹き鳴らし、水がめを割って松明を高く掲げて、「主のために、ギデオンのために剣を」と叫びました。

「主のために、ギデオンのために剣を」と二〇節にも同じように訳されていますが、ここは「主の剣、ギデオンの剣」がお前たちに臨む、という意味です。角笛が鳴り響くのも、松明が燃え盛るのも、どちらも主の顕現を表しています。この時、ギデオンと三百人の兵士たちの手によって、主の裁きが敵陣にくだされます。ギデオンの小隊は剣を手にして敵陣に切り込んだわけではありません。真夜中の突然の攻撃に泡を喰らった敵の軍勢は同士討ちを初め、ギデオンたちと正面から戦うこともなく逃げ出しました。これを機に、残りのイスラエル軍が集結し、逃げるミディアン人を追撃して、ついに敵の将軍オレブとゼエブを打ち取ります。ちなみに「オレブ」とは「からす」をさし、「ゼエブ」とは狼を意味します。この二人の将軍のことは『詩編』八三編で歌われています。

　エン・ドルで彼らは滅ぼされ／大地の肥やしとされました。これらの民の貴族をオレブとゼエブのように／王侯らをゼバとツァルムナのようにしてください。（一一－一二節）

たとえ力は小さくても

　神に背いたイスラエルは敵の手に落ちて苦しみました。しかし、神がイスラエルをお救いになるときには、主は確実にそれを果たされます。ギデオンをはじめとする三百人の兵士たちは、決して実力に秀でた「精鋭部隊」ではありませんけれども、主の御旨が果たされるためには十分な力を発揮して、主なる神ご自身が敵と戦うことで勝利がもたらされました。神はご自身の栄光を現すために、小さな者をお用いになります。権力や兵力、経済力、知力を尽くして人間は自分の誇りをかけて争いますが、そうしたものは神には必要のないものです。むしろ、それらに頼って神に信頼を置かない人間の奢りは、いつも神の裁きに直面しています。たとえ力はもたなくとも、神の召しにおそるおそる従う他はない者であっても、世に救いをもたらすために神はそのような者をとおして、ご自身の栄光を表されます。イエス・キリストのように、この世の最も低いところに身を置かれた方が、神の救いそのものであられたように、主イエスに従う私たちも、御言葉の励ましを受けて、勝利の器とされています。信じる者たちの勇気や強さは、真の神を知るその信仰にあります。

天の父なる御神、私たちが自分の力を誇るのではなく、ただあなたに信頼して私たちの主であるキリストを誇ることができますように、御言葉に従う謙遜と信仰をもって歩む勇気を日毎に与えてください。主イエス・キリストの御名によって祈ります。アーメン。

八　ギデオンの生涯

八章一－三五節

エフライムの説得

七章の終わりにエフライムの軍が戦いに加勢して、敵の将軍オレブとゼエブが討ち取られたくだりが記されています。八章の初めはその続きでして、エフライムの人々がギデオンに苦言を呈するところから始まります。ここで描かれるギデオンの姿は、もはや弱さをあらわしてはおらず、神のしるしも必要としていない勇士であり、一国の王を彷彿とされる振る舞いに及びます。

エフライムは自分の領地のすぐ側で戦が行われているのにもかかわらず、ナフタリ、アシェル、マナセだけが招集されてミディアン討伐に向かったことに不平を述べました。私たちの感覚では戦争に出ないで済むのならそれでよいだろうと思いますが、イスラエルの兄弟の間にある絆からすれば、それは沽券に関わることになります。オバデヤの預言には「兄弟が不幸に見舞われる日に／お前は眺めていてはならない」（一章一二節）とあります。

「激しく責めた」とあるところから察せられるのは、これが個人的な不平ではなく、イスラエルに内戦を惹き起こしかねない危機的な状況であったことです。しかしギデオンはこれに適切な対処をしてエフライムの怒りを収めます。「あなたたちと比べて、わたしが特に何をしたというのか」と自ら謙って兄弟たちの功績を称えます。そして「エフライムに残ったぶどうは、アビエゼルが取ったぶどうよりも良かったではないか」と、戦果の事実に訴えます。「残ったぶどう」とは、葡萄の収穫の後、畑に取り残した実のことです。麦畑であれば苅り残した麦や落ち穂をさします。確かに、後から出陣したエフライムは落ち穂拾いのようなつまらない役割をあてがわれたかのように見えますが、敵の将軍を討ち取ったのは彼らの功績でして、神はそのようにしてエフライムに栄誉を与えました。ギデオンはこのようにして適切な言葉で兄弟の憤りを和らげ、内戦を回避する程の外交的な手腕をも備えました。これはイスラエルを統べるのにふさわしい神の知恵であったと言えます（『箴言』一五章一節、一六章一四節参照）。

ギデオンの厳しさ

さて、ギデオンと三百人の兵士たちはヨルダン川を渡って敵をさらに追撃します。ミディアンを初めとする東方連合軍は、この戦闘によってすでに十二万人の兵力を失い、残る一万五千人がカルコルに集結していました。彼らが敗残兵であるとは言え、ギデオンの三百人に比べれば圧倒的な多数に違いありません。しかし、敵の不意をついた攻撃によって、ついに二人の王ゼバとツァルムナを捕獲することに成功し、敵の陣営は大混乱となりました。「混乱に陥れた」とありますが、文字どおりには「怯えさせた」です。王を失った敵の大群は、ギデオンを恐れて敗走したということでしょう。

この勝利に先立ってスコトとペヌエルである事件が起こっていました。敵を追撃するギデオンたちは疲れと空腹をおして行軍を続けていたところ、ガト領にあるスコトへ辿り着きました。そこはかつて父祖ヤコブが仮庵を立てて住み着いたという謂われのある町です（『創世記』三三章一七節）。ギデオンはそこで兵士たちのためにパンの援助を願い出たのですが、スコトの指導者たちはそれを一笑に付しました。六節に記された指導者たちの返答には、「お前たちに敵の王を捕らえることなどできるものか」という見下したニュアンスが現れます。兄弟たちの苦労に憐れみを覚えることもなく、彼らとともにある神のことも考えない、悔い改めのない町のありようがそうして露になります。ギデオンはそうした町の態度に接して、主が敵の王を自分の手に渡すことを明らかにし、それを尊ばなかった彼らの態度には罰を与えることを断固として伝えてスコトを去りました。また、次の町ペヌエルでも――ペヌエルは族長ヤコブが天使と格闘したヤボクの渡しの近くにある町です――スコトと同じことがくり返されて、ギデオンはその町に対しても自分が生きて戻った時には「塔を倒す」との厳しい報復を告げました。主なる神と共にあるイスラエルに対する蔑みには、神が断固として報復なさるということは旧約聖書の随所に記されています。ゼバとツァルムナは主と共にあったギデオンの手に落ちました。その帰りの道すがら、ギデオンはスコトとペヌエルに立ち寄り、告げていたとおりにそれぞれの町に対する報復を果たしました。

それらの町々に比べると、敵の王であるゼバとツァルムナの方がよほどギデオンのことを正しく認めています。彼らはタボル山にいたギデオンの兄弟たちを殺害しました。このところで、ギデオンの戦いには復讐を果たす意味があったことが初めて明かされます。敵の王たちは、しかし、そのことを知らないでいたようです。「お前たちが、タボルで殺したのはどんな人々だったか」と問われて、「あなたによく似ておられました。皆、王子のような風貌でした」と彼らは答えています。つまり、ギデオンのことを「王」だと思っているわけです。これはただの勘違いではなく、敵の王の口をとおしてギデオンの働きが正当に評価されていることを表します。ギデオンは彼らに次のように答えました。

それはわたしの兄弟、わたしの母の息子たちだ。主は生きておられる。もしお前たちが彼らを生かしておいてくれたなら、お前たちを殺さないのに……

「主は生きておられる」とは誓いの言葉です。ですから、もしギデオンの兄弟たちを生かしておいたならば、ゼバとツァルムナを殺さない、のが本当です。しかし、すでに殺害されてしまったので、血の掟に従えばもはや、死を逃れる術はありません。

そしてここでまた突然、ギデオンの長男イエテルが出てきます。ここから次の章にかけてギデオンの息子の話になりますので、そのための布石ともみられます。ギデオンは息子のイエテルにゼバとツァルムナの処刑を命じますが、まだ若い息子にはそれを果たすことができませんでした。ギデオンが戦いに召された初めは彼自身がそうした弱さをもっていたはずです。しかし、ほんの数日にすぎませんけれども、この戦いの終わりにあたってギデオンはもはやイスラエルに救いをもたらした立派な英雄へと成長しています。二人の王は「勇気がある男だったら」自分で討てとギデオンに言います。この「勇気がある男」という表現もまた、ギデオンを英雄と認める言葉です。王らしく堂々と振る舞えとのことです。そして、彼が二人の王を処刑して、この戦いは終わります。

主が治める

こうしてギデオンの活躍により、イスラエルはまたもや主に救っていただきました。二二節の初めに「イスラエルの人が」とありますが、これはイスラエル軍をさす特別な言い方で、今回の戦に参加した各部族からなる軍を代表しての声をあらわします。この時、彼らが提案したのは、ギデオンがイスラエルの王となり、その王権が一族に受け継がれるという世襲制です。イスラエルにこのような王権が実現するのは、預言者ナタンを通じて保証されたダビデの王権や、北イスラエルに一時出現したオムリの王朝があります。しかし、この時、ギデオンはこう答えました。

わたしはあなたたちを治めない。息子もあなたたちを治めない。主があなたたちを治められる。

ギデオンは自らの王座を拒否し、また息子たちへの継承も認めませんでした。なぜならば、イスラエルを治める王は主なる神をおいてほかにないからです。ギデオンはここで自分の召しに対する誠実な答えをなし、主に栄光を帰しています。「私たちを治める王は主である」との告白は、士師時代のイスラエルを特徴付ける重要な信仰であって、王国時代にそれが揺らいでしまった後にも、選びの民の内に保持されていきます。

金のエフォド

その代わりにギデオンは、イスラエルの戦利品の中にあった「金の耳輪」を皆から求めました。「敵はイシュマエル人であったから金の耳輪をつけていた」とありまして、はて敵はミディアン人ではなかったか、と戸惑いますが、『創世記』でヨセフが兄弟たちに売られてしまうくだりでも、イシュマエル人とミディアン人が入れ違いで登場します。『創世記』の系図によれば、イシュマエル人はアブラハムの妻サラの僕であったハガルの子であり、ミディアン人はサラの死後アブラハムに嫁いだケトラの子です。後の時代にあたるこの文脈ではどちらも沙漠の遊牧民として同じとみなされているようです。

人々はギデオンの頼みを快く受け入れて、金の耳輪の他、戦利品として奪った豪華な装飾品などを差し出しました。これを下にして、ギデオンは自分の町オフラにエフォドを造って設置した、とあります。「エフォド」とは律法では祭司の装束の一部とされていて、預言者サムエルやダビデもまたエフォドを身に着けていたと言われます。しかし、『士師記』ではこの後の一七章以降にも登場して、エフォドは他のテラフィムや彫像とセットで出てきます。また預言者ホセアも三章四節でイスラエルの人々は長い間、王も高官もなく、いけにえも聖なる柱もなく、エフォドもテラフィムもなく過ごす」と告げていて、これによればエフォドは何か像のようなものをさしています。

エフォドは律法で命じられた祭具に関わる何かであったようですが、ギデオンが造ったエフォドはイスラエルを偶像崇拝に導く罠となったと言います。これはちょうど、『出エジプト記』三二章に記されている「金の子牛」の事件を思い起こさせます。モーセがシナイ山で啓示を受け取るために不在である中、イスラエルの民はアロンに訴えて金の子牛の像を造らせました。その時に材料になったのがやはり金の耳輪です。この出来事はシナイ山の麓で、主なる神とイスラエルの民とがモーセを介して契約を結んだ直後のことで、神の恵みに対する人間の側の不甲斐ない態度を強く印象づけます。「金の子牛」にしても、それは異教の神々を直接さすものではなく、イスラエルにあっては主なる神の台座を意味するものでした。しかし、そのような聖なる性質を帯びた道具をも人間はやがて崇めるようになってしまうのでして、それが偶像崇拝へと結びつきます。

ギデオンの行為は直接的には偶像崇拝ではなく、神の救いを記念して後代に伝えるためのアイデアであったのでしょうけれども、これが後の世代にとっては信仰の躓きとなりました。ギデオンの存命中、イスラエルには平和がもたらされて、もはやミディアン人も襲ってくることはなくなりました。ギデオンには多くの妻があり、族長ヤコブと同じように七十人の子どもを設けました。その内の一人に、シケムで生まれたアビメレクがいた、とあるのは続く九章への布石です。ギデオンが何歳まで生きたかは書かれていませんが、長寿を全うして先祖の墓に葬られました。「長寿を全うして」という言葉は、元の言葉遣いでは「美しい白髪で」という表現です。神に祝福された生涯の終わりがこのように書かれます。ギデオンの生涯に描かれるのは神の召しに生きた人の姿です。人間の暴力によって真っ当に生きる権利が損なわれた時代に、自分の弱さにもかかわらず神の召しによって戦わざるをえなかった信仰者のあり方がそこに映し出されます。不本意ながらもその召しに従ったギデオンはくり返し神にしるしを求めながら、信仰の決断をもって戦いに出ることで神の力によって敵を打ち破り、民を救い出すことができました。力を得てからも自分の栄誉を求めずに、ただ神にのみ栄光を帰すことを忘れませんでした。聖書が描き出す信仰の英雄たちの姿は、人間をほめたたえているのではなく、そこに表された神の栄光を私たちに見せてくれます。そうして、神を信じる者の内に働く、神の召しをそれぞれに受け取るように、そうして、神の力によって強く生きなさい、と私たちを励ましてくれます。

ギデオンによる救いはイスラエルに完成をもたらすものではなく、それは一つの時代に示された救いでした。そして、ギデオンの生涯の内にも次の世代にもたらされる躓きの種がすでに蒔かれていました。士師が死ぬと、いつものようにイスラエルはまた元の罪へと戻ってしまい、バアル崇拝にふけって、救い主である真の神を忘れ、ギデオンのことも忘れました。こうした人間の忘恩や軽薄さにもかかわらず、神はイスラエルに士師を送り続けて救うのですから、神の愛と忍耐はおそるべきものです。しかし、神がそのようであられるからこそ、私たちは時代の大きな波に晒されながらも、諦めないで救いを願い続けることができます。

天の父なる御神、ギデオンの生涯をとおして、あなたの召しの尊さ・力強さを教えられます。どうか、自分自身の小ささの中に閉じこもらないで、あなたの召しに応えて、与えられた賜物を用いて、主の御業を行うことができるように、私たちに聖霊を送り、日毎に励ましてください。主イエス・キリストの御名によって祈ります。アーメン。

九　ヨタムの呪い

九章一－二一節

シケムにて

旧約聖書の歴史においては、通常イスラエルの最初の王になった人物はベニヤミン族に属するキシュの子サウルとされますが、『士師記』九章に記されている出来事によりますと、それ以前にアビメレクが王位についたことがあると知らされます。これがシケムという一つの町でのことであり、結果としてこれが失敗であったということから見逃されてしまいがちですが、イスラエルにふさわしい王が誕生するということは何度かの試みを経た上でようやく実現したことです。

イスラエルを救った英雄ギデオンに王となって欲しいと申し出たのはイスラエルの民でした。しかし、ギデオンはそれに答えて、「わたしはあなたたちを治めない。息子もあなたたちを治めない。主があなたたちを治められる」と言いまして、イスラエルを治めるのは人間でなく、主なる神だけが王にふさわしいことを表明しました。これは後に『サムエル記上』八章で民衆が王を求めた時にも、再確認されるイスラエルの信仰でして、人間の王はイスラエルの民を奴隷とすると警告されています。

アビメレクの事件はシケムを舞台としています。シケムはマナセの属領とされていますが、古くから謂れのある重要な町です。『創世記』一二章では、主なる神がアブラハムに現れて「土地を与える」との約束を賜ったのが、シケムの聖所、モレの樫の木のところであったとあります。また、そこには族長ヤコブがヒビ人ハモルから買い取った墓所があり、またシメオンとレビが妹を傷つけられた復讐に町を滅ぼした後、樫の木の下に偶像を埋めた場所でもありました。『ヨシュア記』二四章には、ヨシュアがイスラエルの全部族とシケムで契約を結んだくだりが記されていますが、そこには神の契約を記した大きな石が聖所の樫の木のそばに立てられており、ヨセフの墓もありました。後にはこのシケムを拠点にしてヤロブアムが分裂後の北王国を建て上げることになります。シケムは神の約束と人間の背きとが交互に現れてくるような町です。

アビメレクの即位

エルバアル＝ギデオンにはシケムに側女がいて、その子どもがアビメレクでした。本章の一八節では「女奴隷の子」とありますから、ギデオンの跡継ぎである七十人の中でもアビメレクの地位は高くはなかったでしょう。ギデオンは「自分の息子も王にはならない」と明言していました。けれども、王を求める民の心を知っているアビメレクは、自分が王位につく算段を立て、母方の親族を通じてシケムの指導者たちを取り込みます。「七十人に治められる」のでしたら合議制になるでしょう。たった一人なら独裁です。けれども、その独裁者が親族であれば、自分たちには決定的に有利ではないか、との誘いです。この話に乗ったシケムの首長たちは、アビメレクに報酬を払ってその謀略に力を貸しました。「銀七十枚」はギデオンの息子七十人の血の代価です。それを資金にして暗殺団を組織し、自分の父の家で異母兄弟である七十人をことごとく粛清しました。「一つの石の上で殺した」とは、壮絶な果たし合いを演じたのとは違って、山羊を犠牲に捧げるがごとく順序だてて粛々と処刑したことを表します。こうしてアビメレク（我が父は王）は、イスラエルが主なる神の恵みを忘れた時代に、父であるギデオンとは正反対の道を歩みます。そして、神の御旨を全く問うこともなく、自分の意思と欲望によって王の地位に上ろうとしました。シケムの指導者たちは歴史のあるテレビンの木の傍に集ってアビメレクを王としました。「ベト・ミロ」とはシケムの内部にある施設をさすようですが、そこに集う参議会ではないかと言われます。

ヨタムの譬え——王政への批判

アビメレクの手を逃れて生き残った一人の兄弟がありました。末の子のヨタムです。「ヨタム」とは「主は完全である、汚れのない方」という意味です。ヨタムはゲリジム山の頂からシケムの指導者たちに向けて、預言者のように呼ばわります。八節から一五節にあるのは一つの寓話です。

木々が、だれかに油を注いで／自分たちの王にしようとして、まずオリーブの木に頼んだ。『王になってください。』オリーブの木は言った。『神と人に誉れを与える／わたしの油を捨てて、木々に向かって手を振りに／行ったりするものですか。』（八—九節）

翻訳の上で難しいのは「木々に向かって手を振りに」とある部分です。おそらく民衆を前にして高いところに立つ王のしぐさを表すものと考えて、このように訳されています。正確なところはよくわかりません。「オリーブの木」は後に続く「いちじく」「ぶどう」と並びますと、その意味合いがよくわかります。どれもイスラエルの特産物ですから、木々を代表する王にふさわしい木です。けれども、それぞれに神が与えておられる良い特質や役割がありますから、わざわざ王になって他に気をとられる必要など感じません。中世のラビたちは、オリーブやいちじくやぶどうに、士師たちの姿を重ねています。オリーブはユダのオテニエル、いちじくは「女王」ですから デボラ、ぶどうはバラクやギデオンに相当します。ギデオンが拒んだように、士師たちは王に召されたわけではありませんでした。それぞれに王にならずとも神のカリスマによってイスラエルに平和をもたらしました。

四番目に現れるのは「茨」です。キリストの荊冠の「いばら」とは別の植物で、他では『詩編』五八編一〇節にだけ出てきます。そちらでは「柴」と訳されている植物です。これも正確にはわかりませんが、辞典によればトゲのあるクコの低木だとされています。小さな花や実をつけるのですけれども、オリーブやいちじくやぶどうに比べれば、荒れ野に生息していて薪にしかされないような類のものです。最後に王になるように請われた茨は、「わたしの陰に身を寄せなさい」と保護を約束しますが、同時に「この茨から火が出て焼き尽くす」と威嚇します。「レバノン杉」は北イスラエルを特徴づける表現です。

この寓話によって、ヨタムはシケムの指導者たちに警告しました。善意の警告というよりも、これは兄弟を殺された恨みを込めての呪いであり、神の義に基づく預言でもあります。たとえ「茨」ではあっても、それが正しい行動に基づくことであれば、アビメレクとシケムとの間には喜びがもたらされるかもしれません。後になればわかることですが、イスラエルには民を治める王は必要ないとはいえ、神は民の要求を受け入れて、正しい手続きによって王を擁立することを許可されます。しかし、アビメレクの即位はシケムの独占欲に基づく謀略によるものにすぎません。「誠意のある正しい行動」でないのなら、「アビメレクから火が出て、シケムと首長たちとベト・ミロをなめつくす。また、シケムの首長たちとベト・ミロから火が出て、アビメレクをなめつくす」。今回の王の擁立は、主の目に適わないものとして災いがくだされます。

忘恩の罪

本来なら、「誠意のある正しい行動」を求めるのは主なる神ですが、ここではそれが「エルバアルとその一族」に対して求められています。ギデオンがイスラエルにもたらした貢献にふさわしく報いよ、とのことです。これは、八章の終わりに指摘されていたことで、三五節では、「彼らはまた、イスラエルのために尽くしてくれたエルバアル、すなわちギデオンのすべての功績にふさわしい誠意を、その一族に示すこともしなかった」とありました。この忘恩の罪は、ギデオンの手によってイスラエルを救った主なる神の御業を忘れることと一つに結びついています。八章三四節にはこうありました。

　イスラエルの人々は、周囲のあらゆる敵の手から救い出してくださった彼らの神、主を心に留めなくなった。

因果応報ですとか、自業自得ですとか、人間の罪深さとそれに対する報いについてはいろいろな言い方がありますけれども、『士師記』はそれを一連の歴史の流れの中で見せてくれます。命の危険が迫ったとき、神はギデオンを勇士として立てて救いをもたらしてくれました。人々はギデオンが生きている間は平和と信仰を保っていましたけれども、彼が死んで目に見えなくなると、神を忘れ、救われた出来事を忘れ、世のしがらみの中で自分の欲望に埋没してゆきました。次世代のアビメレクはそういう中で生まれてきた野心家であって、過去の歴史を忘れて王になろうとした彼とシケムの不正な働きが、彼ら自身の上に災いをもたらします。

こんなことをくり返しながら、私たちの時代も歴史の中を歩んでいるのではないかと思います。私たちが学ぶべき「誠意ある正しい行動」は、国のために命を投げうって戦った兵士たちを顕彰することではなくて、そうした数しれない犠牲者たちを出した日本の誤った国のあり方に、二度と逆戻りしないよう知恵と力を尽くして闘いながらこの七十年を歩んできた先輩たちに連なることでしょう。自分の利益しか考えなくなった指導者たちにはヨタムが呪った災いしか約束されていません。そのような時代を生き延びるには、ヨタムのように身を隠して生きるほかはないというのでしょうか。

キリストが世にこられた時、弟子たちは主イエスのみわざを通して神と出会いました。そして、主イエスが天に上られて目の前からいなくなった時、彼らは主を忘れてしまうことなく、聖霊を与えられて、かえって強められて主と共に歩むようになりました。そして、神の民である教会が、イエス・キリストの上に表された神の御業を忘れることがないように聖書が手渡されました。私たちが信仰にとどまって、「誠意のある正しい行動」によって主イエスを王と仰いで喜びを分かち合うために、私たちには聖書の御言葉が必要です。宗教改革を記念する今日、いつもここに立ち帰って自分自身の姿をそこに映すようにして、神と教会に対する真実を求めて歩んでまいりましょう。

真の支配者であります主イエス・キリストの父なる御神、権力を求める者たちが招いてしまう災いを、どうかあなたの憐れみによって回避させ、小さき者の血が流れないに済むようにしてください。歴史に学ぶことのない愚かさから免れることができるように、あなたの御言葉のうちに、真実の自分を見出すことができるようにお導きください。あなたを忘れてこの世の力を求めることがないように、私たちを御言葉のうちに止めておいてください。主イエス・キリストの御名によって祈ります。アーメン。

一〇　それでも救う神

一〇章一－一八節

小士師の役割

ギデオンの子アビメレクによる三年の統治が終わりまして、その後に二人の士師たちがイスラエルを治めるために立ち上がります。プアの子トラとギレアド人ヤイルです。この二人は三章三一節に登場したアナトの子シャムガルと同じく、物語を欠いた事績だけで紹介される「小士師」たちです。ギデオンのようにイスラエルを救うために劇的な働きをした「大士師」たちと、これら「小士師」たちとの間には職務上の違いがあって、大士師たちは特別な賜物によってイスラエルを救った救済者であったのに比べて、小士師たちは民の中から選ばれて司法・行政の公務に当たった人物であった、と説明する歴史家たちがあります。しかし、「士師としてイスラエルを裁いた」と語られるところでそういう区別がなされているようには、少なくとも本文上では認められません。おそらく、トラにもヤイルにもそれ相応のドラマがあったに違いありませんが、彼らにはその生涯を通じて民にメッセージを残すような役割は与えられなかったということなのだと思います。イエスの十二弟子の間でもペトロやアンデレ、ヨハネ、ヤコブなどの中心的な人物と、その他、あまり素性の知られていない弟子たちとの間に差があるのと同じです。

プアの子トラ

九章で語られましたアビメレクの出来事の後で、この一〇章一節から五節の段落を読みますといくらかほっとした感じがします。ここにはイスラエルが神への背信によって敵の手に落ち苦しんだ、という記述はありません。ギデオンの後を継いでイスラエルを治めたのは、王になろうとしたアビメレクではなく、士師としてイスラエルのために立ち上がったプアの子トラでした。彼の人物像は殆どわかりませんが、名前などから幾らかのことは伺えます。トラはイサカル族の家系に属していて、父の名はプア、祖父の名はドドだと紹介されています。『創世記』四六章一三節にはイサカルの子どもらの名が記されていますが、そこではトラとプアは兄弟です。『創世記』では「プワ」となっていますが、おそらく同じ名をさしています。聖書の記述には人物や地名について異なる伝承が並行することがありますから注意が必要です。こういう箇所は無理につじつまを合わせようとしない方がよろしいと思います。ドドという人物の名は、他にも二例ほど見つかりますけれども、イサカル族の中にはここよりほかに見当たりません。

「トラ」という名は、緋色に染める染料に使われた虫をさすものと思われます。日本語にしますと「赤虫」とでもなるでしょうか。聖書では幕屋の建設が指示されるところで、その部材の一部に「緋色の毛糸」が用いられますが（『出エジプト記』二五章四節以下）、そこに「トラ」と同じ語が現れます（「トラアト」）。また、「プア」もしくは「プワ」という名もまた、赤い色に染める木の根をさしています。トラもプアも「赤く染める」ことですので、おそらくそういう染物を生業とする一族であったのではないか、などと考えられます。士師とされてイスラエルで裁きを行うためには、英雄の血統でなければならない、ということはありませんでした。

トラの活動拠点は「エフライム山地のシャミル」とあります。「シャミル」という地名はここだけですが、あるいはサマリアのことかもしれないと古くから読まれています。トラは二十三年の長きに亘ってイスラエルを治め、死後シャミルに葬られました。

ギレアド人ヤイル

その後に続くのが「ギレアド人ヤイル」ですけれども、トラとヤイルの間には『士師記』の記述のサイクルに当たる、背信、天罰、嘆願、救出というような段階もなく、スムーズな継承がなされています。そうしますと、トラとヤイルの在任期間を合わせて四十五年間、イスラエルは平和を保っていられたということになります。アビメレクの出来事からの続きを思いますと、イスラエルを平和に治めるためには人間の王はいらない、ということが暗に示されているように思われます。「ヤイル」とは「主は照らしたもう」という意味です。

ここでは「ギレアド人」と紹介されていますが、五書では「マナセの子ヤイル」となっています。「ギレアド」はヨルダン川東岸部をさしますが、かつてはバシャンの王オグが治めていた地域で、モーセの時代にイスラエルが占領してマナセの半部族に分け与えた土地でした。ヤイルが住んでいた「ハボト・ヤイル」とは「ヤイルの居留地」という意味です。そこに三十の町があったと言います。「三十」という数字がここで反復されていますように、これも文字どおりとる必要はありません。ヤイルは非常に豊かであり、祝福されていたことを伝えるものです。ヤイルが葬られた「カモン」という地名についてはここよりほかに知られていません。

くり返される罪

さて、ギレアド人ヤイルの名が挙がったことは、次の大きな段落への布石でもあります。ヤイルの後、イスラエルは再び一連の循環に向かいます。平和な時代が続いて後、士師による裁きが途絶えますと民は再び堕落します。

イスラエルの人々は、またも主の目に悪とされることを行い、バアルやアシュトレト、アラムの神々、シドンの神々、モアブの神々、アンモン人の神々、ペリシテ人の神々に仕えた。彼らは主を捨て、主に仕えなかった。

『士師記』の中で幾度となくくり返される報告ですが、この六節から一六節に及ぶ段落には、イスラエルが辿る五つの段階のうちの三つ、すなわち、背信、罰、嘆願のそれぞれが丁寧に記されます。

六節にイスラエルが背信を犯した異国の神々がリストアップされています。バアルとアシュトレトはこれまでも言及がありましたとおりカナンの神々です。続いて北からアラム、シドン、そして東からモアブ、アンモン、そして西からペリシテと並んで、イスラエルの民がどれほど異教の神々に囲まれて生活していたかがよくわかります。ここに七つの神々が数えられますが、『申命記』で警告されていた七つの民には必ずしも対応はしていません。ですが、同じように七つと完全数で共通していますように、イスラエルは主なる神との契約に全く従わなかったことが示されます。「仕える」とは礼拝をさすことを前にもお話ししました。偶像崇拝の形には、主なる神に仕えながら他の神々にも仕える、という混淆宗教の形もあって、多くの場合にイスラエルはそうした罪を犯したのですけれども、ここでは「主を捨て、主に仕えなかった」とありますから二者択一になるわけで、主なる神を完全に否定したことになります。

そこで神の怒りが燃え上がって、イスラエルはまたもや敵の手に引き渡されます。今度の敵はペリシテ人とアンモン人です。ペリシテ人は西の民、アンモン人はヨルダン東岸の民ですから挟み撃ちになります。しかし、ここから記されるエフタの説話にあっては、アンモン人が主な敵として前面に出されます。ペリシテとの対決は後のサムソンの時までとって置かれます。ヨルダン川東岸にいたイスラエルの民はアンモン人によって徹底的に打ちのめされます。「打ち砕き、打ちのめした」とは似た言葉を二つ繋げて表す強調のしかたです。さらにアンモン人は川を越えて西側にも攻め寄ってきました。そうしてイスラエルはまた窮地に追いやられてしまいました。

罪の告白

そうしますと、人々はようやく神に立ち帰って助けを求めるようになります。「苦しいときの神頼み」は、聖書の中では「苦しい時にこそ神に立ち帰るチャンスだ」ということです。ここでの神と民との間でなされる対話は、預言者などを介さず直接交わされているのが特徴的です。いや、ピネハスが間にいたに違いないと解釈する中世の学者もいましたが、それは読み込みにすぎません。おそらくここでは、神のみ前に真剣に進み出た民の姿勢が問われているように思えます。始めに罪の告白があります。

わたしたちはあなたに罪を犯しました。わたしたちの神を捨て、バアルに仕えました。

謝罪が先立たないと壊れた関係が回復されないのは人間の社会も同じです。罪は神との関係に断絶をもたらしますから、まず罪を告白してから神に近づくのでなければ救いを願うこともできません。この罪の告白には有名なダビデの事例があります。ダビデ王はウリヤの妻バトシェバと姦通の罪を犯し、それを隠蔽するために自分の臣下である彼を戦場に送って亡き者にしました。その恐るべき罪を預言者ナタンに見破られて主による裁きが告げられた時、ダビデはすかさず「わたしは主に罪を犯した」と率直に告白しました。するとまたナタンはすぐに続けて「その主があなたの罪を取り除かれる。あなたは死の罰を免れる」と答えました。神の目の前ではすべてが知られています。ですから隠す通すことはできないわけです。人間は神の目よりも人の目を恐れますから罪を公にしないのですけれども、罪の深刻さ、つまり神の裁きの深刻さを恐れて「わたしは罪を犯しました」と正直に頭を下げることができるなら、神はすぐにも和解してくださるお方です。私たちの礼拝にも引き継がれている「罪の告白」は、こうした聖書の事例に則って行われているものです。

それでも神は見捨てない

主なる神を完全に見限ったイスラエルに対して、主なる神は一度の告白では赦しはしませんでした。その告白の真実を問うように、彼らを一旦突き放します。「エジプト人、アモリ人、アンモン人、ペリシテ人、シドン人、アマレク、マオン」と七つの敵の名が挙げられて、神はイスラエルをそれらから救ったと言われます。この中で「マオン」だけが耳慣れないかもしれませんが、『歴代誌』では「メウニム人」と紹介されている遊牧民がそれに相当するようです（『上』四章四一節、『下』二六章七節）。この七つの民は六節に挙がった七つの神々と数の上で対応します。つまり、主なる神はイスラエルを七つの敵から救ったにもかかわらず、イスラエルは主を捨てて七つの神々を選んだ、ということです。

あなたたちはわたしを捨て、他の神々に仕えた。それゆえ、わたしはもうあなたたちを救わない。あなたたちの選んだ神々のもとに行って、助けを求めて叫ぶがよい。苦境に立たされたときには、その神々が救ってくれよう。

イスラエルは神を裏切って、神の愛に対して酷い仕打ちで報いたのですから、「自分たちが選んだ神々に救って守ってもらえ」とは理屈からしても人情からしても当然のことではないかと思います。こういうところで「苦しいときの神頼み」がどれほど軽薄であったかを思い知らされます。

しかし、そうした厳しい言葉を受けながらも、尚も神に救いを願うところに真の悔い改めと信仰があると確かめられます。イスラエルは「わたしたちは罪を犯しました」と二度目の告白をし、さらに「わたしたちに対して何事でも御目にかなうことを行ってください」と申し出ています。これが意味するのは、裁きを覚悟している、ということでしょう。『サムエル記下』二四章一四節には、また別の機会に罪を犯したダビデが主の怒りを招いてしまったとき、「主の御手にかかって倒れよう。主の慈悲は大きい。人間の手にはかかりたくない」と言ったとありますが、それと同じことでしょう。神の裁きに甘んじて服するということは死をも覚悟するということですけれども、同時に、神の慈しみが限りないことも真実ですから救いを願うことができます。真の神に対しては従順こそが救いにつながります。

イスラエルの悔い改めは言葉だけではありませんでした。自分たちの中から異国の神々を一掃し、主に仕えるようになった、真の神のみを礼拝するようになった、とあります。信仰をもつということが、このようにラディカルな生活の変化をもたらす、ということがこの日本の土壌ではどうにもよく理解されないようですが、本当の悔い改めとは気持ちの変化ではなくて、心が変わるのですから当然生き方の全体に転換をもたらします。そのようにして、断絶していた神との関係が回復されたとき、神の憐れみが怒りを圧倒します。

主はイスラエルの苦しみが耐えられなくなった。（一六節）

これが意味するのは、原文に即して言いますと、主はイスラエルが苦境に陥って耐えているのをご覧になって、もうじっとしてはおられなくなった、ということです。こうして、イスラエルにはまた新たに士師が起こされて神の救いが実行されます。私たちは主の日ごとに悔い改めの告白をして、心を新たに、ひたむきな信仰生活に向かうのですけれども、そういう私たちを神は喜んで受け入れてくださいます。それで、じっとしておられずに御子を送ってくださったのですから、信頼して主がなしてくださることに委ねて、主に仕える日々を送りたいと思います。

天の父なる御神、あなたが苦境の中にいるイスラエルを顧みてくださったように、私たちにも聖霊を送ってくださって、私たちの罪を赦し、主イエスと共に歩ませてください。主が私たちになしてくださった御業を日々忘れることなく、感謝の生活を送ることができるようにしてください。主イエス・キリストの御名によって祈ります。アーメン。

一一　エフタの悲劇

一一章一―四〇節

遊女の子エフタ

次なる士師、ギレアドの勇者エフタの時代については前章の六節からすでに語り始められています。再び神に背いたイスラエルはアンモン人の襲撃によって苦境に立たされ、罪を悔い改めて神に助けを乞い求めました。そこで新たに起こされた人物がギレアド人エフタです。ギレアドの指導者たちは、アンモン人に立ち向かうことのできる人物こそ自分たちの頭になるべきだと考えていました。

しかし、エフタの人物像は初めから指導者にふさわしいようには紹介されていません。彼は戦いに秀でた「勇者であった」と冒頭にありますが、同時に「遊女の子」だと言われています。九章に描かれたエルバアルの子アビメレクは女奴隷の子でしたが、「遊女の子」は文字どおりに

「サノバビッチ」ですから社会的な評価は宗教的な面からしても最低です。エフタには父の正妻が産んだ兄弟たちがいましたが、彼らからもエフタは承認されず、遺産の相続をめぐってか故郷から追放されてしまいます。兄弟たちから「逃げた」とあるのは命を狙われたからかもしれません。『民数記』二六章によればギレアドはマナセの孫に当たりますが、その家系図には「エフタ」の名は登場しません。

それでエフタはヨルダン川東岸の北部にある「トブ」という比較的大きな町に身を寄せ、「ならず者」たちの頭領になりました。先に語られた説話の中に、アビメレクが「ならず者たち」を集めて盗賊まがいのことをしていたとありましたが、それと状況は似ています。ただ、エフタの場合はアビメレクとは違って「ならず者たち」の方が勝手に集まってきたのであって、追われてしかたなくそういう身分に身を落としていました。むしろこの状況はサウルに追われて荒れ野を彷徨いながら、ならず者たちの頭領として他国の傭兵にもなったりしたダビデによく似ています(『サムエル記上』二二章)。二節に「行動を共にするようになった」とあるところは意訳で、「彼と共に出撃した」と元の文には書かれています。「強奪に出た」のかもしれませんが、通常は戦闘に出ることをさしますから、トブで傭兵として雇われて戦いに参加していたのではないかと思われます。

『士師記』に描かれる英雄たちには何がしかの陰がある、ということを見てきましたが、ギデオンの召命に関する記事がその点を明瞭にしているように、おそらくこれは旧約の預言者たちの自己否定に通じるもので、ここのエフタに至りますと陰の部分が増大します。モーセの口下手どころではない、娼婦の子として生まれた暴力団の組長です。あまりにイメージが悪いようでしたら「ロビンフッド」でもよいかもしれませんが。ここに主の召しですとか、神の選びについて考えるときの留意点があります。神がある人を選んで救いの働きに召されるのは、人間の側に何がしかの理由があるのではなくて、全く神の自由な選択によります。ですから、人間の目からすればこのような者がと思われる人物が、特別な賜物によって召されて牧師や長老になったり、キリストの証を立てたりします。大切なことは、その人がたとえどのような境遇にあったとしても主と共に生きているかどうかです。

エフタの召命

そうしたエフタの召命は、しかし、主から直接の言葉が与えられた訳ではなく、ギレアドの長老たちの招きによるものでした。この点ではアビメレクのところでふれたとおり、主の御旨は人の働きの内に隠されています。ギレアドの長老たちはエフタを追い出した側の人々でしたけれども、他の兄弟たちよりもエフタの内に指揮官の賜物を見て取って、バツが悪い思いもあったはずですが、それを押して自分からわざわざ彼のもとに出向いてきました。アビメレクの教訓からすれば、ヨタムの呪いが思い起こされて、茨に指導を乞えば災いがふりかかることになりますから、今回もそのくり返しになる恐れもあるはずです。しかし、エフタの場合はイスラエルの王になるように乞われたのではなく、まずアンモンとの戦いにおける「指揮官」に任じられて、続いてギレアドの部族の頭《かしら》と認められるとのことですから、王とは一線を画しています。また、アビメレクがシケムの長老たちと結託して権力を手に入れようとしたのとは違って、エフタは主の御前で民との契約を果たして汚名を晴らし、敵との戦いの先頭に立ちます。こうしてエフタはその信仰によって真正な士師として召されるのであって、アビメレクの時とは違って主の救いが民の内に果たされます。

主の霊による戦い

一二節から二八節に亘って長々と記される、エフタとアンモンの王との間でなされる交渉は、『民数記』二〇章および二一章に記されている出来事について論じたものです。エフタが主張しているのは、ヨルダン川東岸においてイスラエルが得た土地は、かつてモアブ人から土地を奪ったアモリ人の手からモーセが戦い取ったもので、アンモン人の領土を侵略したものではない、ということです。そして、イスラエルの民はそれを主なる神から分け与えられたのであって、アンモン人にはその土地の神が自分の領地を囲っているはずだ。だから、その国境を越えて戦争を仕掛けてくるのは不当な侵略である、と訴えます。こうした外交術をエフタのような人間がどこで学んだのかと思われますが、彼が語っているのはすべて聖書を根拠にした主張です。彼はアンモンの王との交渉に臨んで「イスラエルの神、主」の審判を告げているのであって、初めから領有権をめぐって戦争をしようというのではありません。たとえ相手がイスラエルの神に屈服しようもなく戦いは不可避だとしても、エフタは人間的な動機に基づいてではなく神の裁き司として戦うためにこの声明を発表したと言えます。よって、エフタの言葉を拒否したアンモンは、主の裁きによってイスラエルに屈服させられる結果となります。

エフタの悲劇から学ぶもの

さて、二九節以下にあるエフタの戦いについては非常に興味深いエピソードが語られます。主の霊が臨んだ、とあるように、エフタは特別なカリスマによってアンモンとの戦いに勝利を得るのですが、その際、勢い余って軽率な誓いを立ててしまいます。三〇～三一節です。

エフタは主に誓いを立てて言った。「もしあなたがアンモン人をわたしの手に渡してくださるなら、わたしがアンモンとの戦いから無事に帰るとき、わたしの家の戸口からわたしを迎えに出て来る者を主のものといたします。わたしはその者を、焼き尽くす献げ物といたします。」

家の者を犠牲にしてささげる、という信仰は、『創世記』二二章にあるイサク奉献と共通するものです。アブラハムは長子イサクを神に対する信仰の証として犠牲にささげようとしました。それと同じ最大の決意をもって敵との戦いに臨むとの、これはエフタの信仰の表明です。そして、エフタはアンモンとの戦いに勝利して故郷に凱旋します。すると、なんと喜び踊ってエフタを家に迎えに出たのは最愛の一人娘でした。人生の重大な局面で一人娘を犠牲にささげるとのモチーフはギリシア神話に豊富だと言われますが、ここでも明らかに悲劇と認められるエフタの事例をとおして聖書から教えられることの一つは、彼の誓いについてです。この悲劇を不可避にしてしまったのは、三六節で父と共に娘も認めているように、誓いに関するモーセの律法です。『民数記』三〇章三節にこうあります。

人が主に誓願を立てるか、物断ちの誓いをするならば、その言葉を破ってはならない。すべて、口にしたとおり、実行しなければならない。

誓いを立てることは自発的な行為です。ですから、できないことを初めから誓うのは軽率のそしりを免れえません。エフタはこうした最悪の結果を招くことも考えずに、当時の諸宗教に見られた人身供養を範として、神が求めている以上のささげものをして神の恩恵を引き出そうとしました。ここに人間エフタの失敗が書き留められます。エフタに求められたのは、主が敵を我が手に与えてくださるとの信仰だけであったはずです。主イエスは山上の説教の中で、一切誓ってはならないと言われました。軽率な誓いは神の恵みを無にします。「誓い」を道具にして神を操ろうとすることはかえって神の御名を汚します。エフタの事例は単なる悲劇に終わることなく、イスラエルの民に信仰の教訓を残すことになりました。

そして、この悲劇的な出来事から知らされるもう一つのことは、人を犠牲にすることを神は求めておられないことです。確かに、かつてアブラハムに対して神は跡取りのイサクをささげよとお命じになりました。しかし、その試練を受け止めたアブラハムを神は見て、御使いを送ってイサクの犠牲を禁じました。律法に記されたこの事例を思い起こすならばエフタの悲劇は起こらなかったはずです。イサクがささげられようとしたモリヤ山では、イサクに変わって一匹の小羊が神によって備えられて、焼き尽くす献げ物にされました。神はご自身のために人のいのちの犠牲を求めてはおられません。むしろ、人のためにご自身から犠牲を用意されます。イスラエルの罪のためには動物の犠牲が贖いの儀式として整えられました。そして、すべての人の罪を贖うためには小羊イエスが備えられました。

エフタの悲劇は、律法に忠実に従おうとする者が、その熱心さのあまり陥る失敗を語っています。エフタは神の召しによって勇者となりましたが、彼ならではの弱さもこうして見せる結果となりました。士師たちは決して完全無欠の英雄ではなく、イスラエルが罪に深く沈み込んでいく時代に、それでも神の憐れみによって救いの器とされて働いた指導者たちです。歴史の中を歩む教会の姿と非常によく似ています。

悲劇的な過ちは神によって惹き起こされるのではなくて、人の側の思い違いが原因です。エフタの娘は長くイスラエルの人々に記念されたとあります。「死を悼んで家を出る」とあるのは間違いで、「悼む」という言葉は意訳がすぎています。「復唱する」「言葉をくり返す」という意味ですから、歌や物語にして語り継ぐことです。エフタの娘の悲しみは、隣人のいのちを犠牲にすることも厭わない、誤った宗教性の上に表れた人の罪と共に後世に伝えられます。その悲しみを取り除くためにこそ、御子が最後の小羊として天の父のもとからこられたことを私たちは心に留めておきたいと思います。

天の父なる御神、あなたの慈愛に満ちた助けと導きを、尊い御子イエスの犠牲を通して、いつも覚えていることができるように、信仰の内に私たちを留めていてください。主イエス・キリストの御名によって祈ります。アーメン。

一二　シボレト

一二章一―一五節

エフライムによる恐喝

ギレアドの長老たちに請われて軍の司令官となったエフタは、アンモン人との戦いに臨んで見事これを打ち破り、ギレアド族の頭となりました。しかし、エフタのこの時代、イスラエルを包む空気はいっそう重く、暗く、将来の混沌をうかがわせます。軽率な誓いによって娘を犠牲にする羽目に陥ったエフタの悲劇がそれを暗示しています。主なる神は、遊女の子エフタを用いてイスラエルを救ってくださったのですけれども、エフタはギデオンに比べても優れた指導者だったとは言えません。アンモンとの戦いが終わるとエフライム族がエフタのもとに集結して難癖をつけました。これと似た状況が八章のはじめに記されたギデオンの時にもありました。その時ギデオンは、エフライム人を上手く宥めてその場を収めることができたのですけれども、エフタの時にはついに内戦になってしまいます。
エフライム人がわざわざ部隊を集結してやってきたのは、戦利品を横取りするためであったかもしれませんし、力をつけたギレアド族をけん制するためであったかもしれません。兄弟なのに水臭いではないか、などという言い草は、「助けを求めたのに、救ってくれなかった」というエフタの言葉や、「あなたの家をあなたもろとも焼き払ってやる」という恐喝めいた言葉から、もはや通用しないのは明らかです。これが内戦にまで発展してしまうのは、指導者としてのエフタの技量の問題ばかりでなく、エフライムの堕落ぶりが大きな要因です。四節にある「エフライムが、『あなたたちはエフライムを逃げ出した者。ギレアドはエフライムの中、マナセの中にいるはずだ』と言ったからである」という一文は難解ですが、おそらく、ギレアドは逃亡者としてエフライムとマナセに分散して世話になっている身分のものにすぎない、という蔑みを意味しています。それでギレアドは部族の誇りをかけてエフライムと戦うことになった模様です。兄弟同士の争いは回避する、との知恵は、もはや両者の間から消え失せてしまっています。

シボレト

戦争の結果はギレアドの一方的な勝利に終わりました。兄弟を恐喝するような愚かなふるまいが自らの滅びを招きます。お前たちは逃亡者だと嘲笑ったその言葉がわが身に帰ってきて、戦に負けたエフライム人が逃亡者になりました。

この戦いにおいて、ギレアドはヨルダンの渡し場を占拠することに成功しました。これは前にモアブとの戦いでエフドがとった戦略です（三章二八節）。一二章ではそれがもう少し特徴ある出来事として描かれます。ギレアドは渡し場を占拠し、そこに検問を設けました。そこで川を渡ろうとする通行人がエフライムの落武者でないかどうかを調べるために、通行人に「シボレト」と言わせました。「シボレト」とは、「麦の穂」もしくは「流れ」を意味します。川でのことですから、後者ではないかと思われますが、ここではその意味はどうでも構いません。要はその発音です。エフライム人には「シボレト」が言えずに「スィボレト」となってしまいました。つまり、イスラエルの部族内には方言の差が生じていたことがここからわかります。イスラエル人はみなヘブライ語を話していたとの前提で、通常は方言の違いなど聖書を読んでいて意識していませんけれども、イスラエルの土地ではあってもガリラヤ方面の北部とエルサレムを中心とする南部の言葉は若干違うことは、多少聖書のヘブライ語からも見て取れます。『マタイによる福音書』で、ペトロが逮捕されたイエスの後を追って大祭司の官邸に近づいた時、家の者から身分を見破られてしまいますが、なぜわかってしまったことというと、ペトロの言葉がガリラヤ訛りをしていたからでした（二六章七三節）。「シボレト」という語は、今では英語でも一般名詞として定着していて、「無意味な言葉」や「パスワード」を意味します。

「シボレト」の判定によって、エフライム人は身分がばれてしまい、その場で逮捕されて処刑されました。こうしてエフライム人四万二千人が命を失った、と言いますから、ほぼ部族全体が壊滅状態になったことになります。

イブツァン、エロン、アブドン

こうした暗い時代にエフタは士師に召されてイスラエルを指導しました。エフタの治世は六年と士師たちの間でも最短です。罪の裁きと神の憐れみを忘れてくり返し偶像崇拝に落ちていくイスラエルは、こうして指導者を生み出すカリスマも徐々に限定され、部族間の絆も緩んで、内部崩壊が進んでいきます。八節からは、一〇章に続いて小士師たちの第二のリストが掲げられます。士師たちの出自と、子どもやロバの数、そして統治期間と葬りの記述がどれにも共通しています。彼らの具体的な活動については何も知らされません。

イブツァンはここにだけ登場する名前です。その名の意味は、アラビア語で「素早さ」を表すと言われますが定かではありません。「ベツレヘム出身」とは、ユダのベツレヘムではないようで、ガリラヤ近辺にも同名の町があったものと通常は考えられています。彼に三十人の息子がいた、とのことは、一〇章に出てきた小士師ギレアドのヤイルと同じですが（四節）、彼には三十人の娘たちもいたとあります。そして子どもたちは皆、外部の者と婚姻関係を結んだとのことで、積極的に外部との交渉に望んだことが伺われます。それについての評価はここに記されてありませんが、文脈からしておそらく肯定的ではないだろうと思われます。イブツァンが外来の名前のようであったり、所属する部族が不明であったりするのは、彼もまたエフタのように主の特別な召しによって一時的に士師として働いた人物だったことを表すのかもしれません。

彼に続くのはゼブルン人のエロンです。「エロン」という名は、樫の木や雄羊を意味するものですが、『創世記』ではエサウの舅であったヘト人に同名の人物がいます。ゼブルン族を代表する士師は彼が初めてですから、彼の名がここに挙がっていることの意義は、それだけのようです。エロンの統治期間は十年ですから、エフタやイブツァンよりは平和な時代が長く続いたことになります。

三人目のアブドンはピルアトン人と紹介されていますが、「ピルアトン人」はエフライムに属していて、後にダビデの将軍となったベナヤを送り出す氏族です。アブドンの父であるヒレルという人物は他にはどこにも出てきません。「アブドン」という名は「小さな僕」を意味します。エフライムはギレアドとの戦いで多くの勇士たちを失い、もはや「小さな僕」を生み出すことしかできなくなった、ということでしょうか。しかし、彼には多くの息子と孫が与えられて、ギレアド人ヤイルの子らと同じように、ろばに乗っていました。ろばは運搬用の家畜ですから家の財産になりますけれども、『ゼカリヤ書』の預言によれば、ろばはメシアの乗物です。小さな僕にすぎない救済者の未来に、メシアへの期待がかけられている、ということでしょうか。彼は八年間、士師としてイスラエルを裁き、地元で生涯を終えて葬られました。

アドヴェントに向けて

神がモーセやヨシュアを送った特別な時代がかつてのイスラエルにはありました。しかし、英雄たちの時代はやがて過ぎ去って、イスラエルはその記憶を頼りに自分たちの道を選択していかねばならない長い期間を過ごします。それは荒れ野を旅するような困難な時代で、神の民は自分自身の弱さや周囲の誘惑から身を守っていかねばなりませんでした。士師たちの時代はその信仰が失われかけた時代の民の歩みを私たちに伝えています。それは神の教会に対する時を超えた警鐘として私たちの間で読まれるべきものです。しかし、ここには同時に慰めが語られています。神の憐れみは、ここに描かれた小さな士師たちによる救出劇によって、確かにイスラエルに注がれていました。救い出す価値のないような、苦しい時にしか神を頼みとしない実に情けない民なのですけれども、神は彼らを憐れんで士師の存命中、平和をつないでくださいました。やがて、ダビデが現れて、イスラエルには希望の光が灯されます。その光を待ち望む民の姿に心を合わせて、真の救い主キリストの到来を待ち望む、今年のアドヴェントへと歩みを進めたいと思います。

人々の愛が冷え、争いごとの絶えない時代に、ご自分の民を守り、これに平和を与え続けておられた天の父なる御神、あなたの御前にあって、罪を犯し続ける人の姿は今も昔も変わりがありませんけれども、どうかあなたの憐れみを絶やさずに、平和を祈る私たちの祈りに答えてください。私たちには主イエスという希望の光がありますから、その光の中を歩むことができるように、私たちを信仰のうちにとどめていてください。主イエス・キリストの御名によって祈ります。アーメン。

一三　サムソン誕生

一三章一―二五節

最後の士師サムソン

「イスラエルの人々は、またも主の目に悪とされることを行った」（一節）――新しい章への導入を示すこの句に導かれて、『士師記』で最後の士師サムソンの物語が始まります。超人的な怪力をもって知られるサムソンは、旧約聖書のヘラクレスとも言われて映画になるほど有名です。彼は他の士師たちとは違い、軍を率いて戦う英雄ではなく、最後まで単独で戦って敵を圧倒します。今度の敵はペリシテ人です。海を渡ってパレスチナの地中海沿岸に辿り着いた、鉄の武器を操る強大な軍事力をもつ民族です。彼らは後のサウル、ダビデのもとでのイスラエル建国時代にライバルとなりますが、五節にあるようにサムソンがペリシテ人の手からイスラエルを解放する救いの先駆者となります。

誕生物語

他の士師たちと際立って異なっているのは、彼には聖書に典型的な誕生物語があることです。神に召されてイスラエルの士師となる経緯を記したものとしてはギデオンの召命物語がありましたけれども、サムソンの場合はこの誕生物語がそれに相当します。「その子は胎内にいるときから、ナジル人として神にささげられている」（五節）と天使のお告げがありましたように、その初めからの召しを物語が語っています。

時代はペリシテの四十年に亘る支配が続いていた頃でした（一節）。「四十年」はこれまでに比べて最も長い期間です。モーセに率いられて辛く苦しい旅をしたイスラエルの「荒野の四十年」を思い起こします。その長い暗闇を通り越したところで、救いの光が天使のお告げからもたらされます。

サムソンの父親はダン族のマノアです。「マノア」とは「憩い」を意味します。マノアの妻、サムソンの母親の名は記されていません。彼女は不妊に苦しんでいて、二人には子どもがありませんでした。不妊の女性の苦しみは聖書では特別な意味を持っています。聖書の昔にあっては子孫の繁栄が神の祝福そのものでしたから、家庭に子どもがいないということは未来が断たれているることを意味します。そこで、子どもを産むことができない女性は価値のないものとされました。そうした苦しみを負った女性が聖書にはくり返し登場します。最初の例はアブラハムの妻サラです。彼女には子どもがなく、すでに老齢に達していました。このままではアブラハムの家に未来はないと覚悟して、僕を養子にすることを考えたり、女奴隷によって子をもうけたりしましたが、やがてその子を産んだ奴隷が正妻のサラを蔑むようになって、彼女の苦しみは取り去られませんでした。しかし、そこに神の御使いが現れて彼女が身ごもって男の子を産むことを告げ、その言葉のとおりアブラハムの後を継ぐイサクが誕生しました。

聖書では不妊の女性と孤児は貧しい人々の代表者であり、神の憐れみがその上に第一に注がれます。そして子どもを産むことができず未来を失った女性は、神の裁きにあって希望を見失ったイスラエルを象徴しています。そのところで告げられる「子を産む」との知らせは、人間の手によってどうにもできない行き詰まった状況を、神が全能の力によって打開してくださることを意味します。

ナジル人サムソン

主の御使いはサムソンの両親に、産まれる子どもはすでにナジル人として神にささげられている、と言いました。そのため、マノアの妻には「ぶどう酒や強い飲み物を飲まず、汚れた物も一切食べてはならない」との特別な注意が求められました。この「ナジル人」とは、一つの民族をさすのではなく、神に願いごとをして誓いを立てた人のことです。『民数記』六章にその規定が記されています。ご一緒に確認してみますと、こうあります。

主はモーセに仰せになった。イスラエルの人々に告げてこう言いなさい。男であれ、女であれ、特別の誓願を立て、主に献身してナジル人となるならば、ぶどう酒も濃い酒も断ち、ぶどう酒の酢も濃い酒の酢も飲まず、ぶどう液は一切飲んではならない。またぶどうの実は、生であれ、干したものであれ食べてはならない。ナジル人である期間中は、ぶどうの木からできるものはすべて、熟さない房も皮も食べてはならない。ナジル人の誓願期間中は、頭にかみそりを当ててはならない。主に献身している期間が満ちる日まで、その人は聖なる者であり、髪は長く伸ばしておく。主に献身している期間中、死体に近づいてはならない。父母、兄弟姉妹が死んだときも、彼らに触れて汚れを受けてはならない。神に献身したしるしがその髪にあるからである。ナジル人である期間中、その人は主にささげられた聖なる者である。（六章一―八節）

ナジル人には「髪を長く伸ばしておく」という目に見えるしるしがありました。献身のしるしでしたら髪を剃るのではないか、とお寺のお坊さんの頭を私たちは思い浮かべますけれども、ナジル人の場合は別です。そして、誓約期間中は禁酒であって、さらにブドウ製品はすべて禁じられます。また、人の死にふれて身を汚してもなりませんでした。通常は期限付きでしたけれども、中にはこのサムソンや後で出てきますサムエルのような終身のナジル人もありました。

サムソンの場合のことを少し丁寧に見てみますと、いささか特殊な事情があるようです。まず、主の御使いは産まれる子がナジル人だと告げてはいますが、母親に誓約を求めています。後のことを見ていきますと、サムソン自身は髪の毛についてはナジル人としてのしるしを保っているのですけれども、死んだ動物の体から蜂蜜をとって食べたりしていますし、仲間と共に宴会をしたりもします。彼については「剃刀を頭に当てない」ことだけ守っていれば良いようです。もっとも、彼のそうした破戒坊主ぶりがやがて敵の手に陥ることにつながるのですけれども。ともかく、そうして御使いはサムソンの母に産まれてくる息子をささげるためにナジル人の誓約を立てることを求めています。「子どもを与える」と主に顧みていただいた女性は幸いなのですけれども、救済者を世に産み出す女性の働きと決心もまた重大です。

天使の顕現

この誕生物語はマノアと御使いの対話が中心となっています。妻は初め、御使いのことを「神の人」と呼んでいますから、人間だと思ったわけです。「神の人」と「神の御使い」は同じではありません。「神の人」と最初に呼ばれたのはモーセです。それからダビデがそうです。また、無名の預言者が神の人と呼ばれることがありますが、そのように神によって特別に召された人間にその称号が与えられます。他方、「主の御使い」もしくは「神の御使い」もまた人間に当てはめられる場合がないわけではありませんが（預言者や祭司がそのように呼ばれている箇所もあります）、多くはいわゆる「天使」でして、一見人間の姿はしていますけれども人間を超えた存在です。

妻から「神の人」の話を聞いた夫のマノアは、それが本当かどうか確かめたいと願って神に祈りました。すると主が彼に答えてくださって再び御使いを送ります。このマノアと御使いのやり取りで明らかにされるのは、神が御使いを通して御自身を顕してくださったことです。マノアは御使いに会って丁寧な応対をしていますが、それが「御使い」だとは信じていません。それで子山羊のごちそうでもてなそうとし、名前を尋ねて素性を知ろうとし、「お言葉のとおりになるのでしたら」おもてなししたいと、天使から聞いた言葉に一旦留保を置いています。そこで天使はマノアに焼き尽くす献げ物をささげさせて――これはギデオンの時と同じしかたですが――岩の上で犠牲をささげますと、天使はその名のとおり「不思議」を示されたのでした。マノアと妻の二人はそれを見て、真実を知って神を礼拝しました。

義の太陽の出現

人々の不信心とともに闇が深まる時代に、こうして天使の告知によって希望の光が灯されます。不妊の女性であったエリサベトのもとに天使が現れ、また未婚のおとめマリアのもとに天使が現れて救い主の降誕が告げられたように、かつて旧約の時代にも神の救いが待ち望まれたアドヴェントの時がありました。人の不信仰が神の救いを阻んでいるように思える時があります。しかし、神が救いを与えようと行動を起こされる時にはその不信仰の壁さえ打ち破られます。四十年間の苦しみの果てに、神は驚くような天使の出現によって一人の女性を顧み、一人の男の子をお与えになりました。その名は「サムソン」と命名されました。「サムソン」とは「小さな太陽」です。主の霊によって奮い立たせられた破天荒な活躍ぶりがこの後書き記されていきます。サムソンは決して高潔な人物ではありませんけれども、彼の働きをとおして、やがて義の太陽が昇るとの希望が示されます。全能の神はどんな暗い時代にあっても、ご自分の民を見捨ててはおられず、ご自身が定めた時に必ず救いを実現してくださることを、聖書はこのように告げています。今や、神の救いはキリストに示されて、すべての人が神の与えてくださる自由の中へ招かれています。御子の十字架による赦しをいただきながら、神が一つひとつの救いを成し遂げながら私たちを終わりの完成へと導いてくださることに希望をもって、信仰の歩みを続けたいと願います。

天の父なる御神、あなたの御前にあって罪を犯し、悔いてはまた罪を犯すくり返しの私たちであり、私たちのこの世界でありますけれども、あなたは見捨てることなく御言葉によって私たちを養い、希望を与えてくださいます。どうか、聖霊のお力で私たちの心に確かな信仰をお与えくださり、どのような時代にあっても主イエスの救いにより頼んで日々を送ることができるようにしてください。貧しい者が顧みられない今の時代に、義の太陽として世にこられたキリストが、人々を明るく照らす光となりますように。主よ、この世界を憐れんでください。主イエス・キリストの御名によって祈ります。アーメン。

一四　汚れた英雄

一四章一－二〇節

サムソンの結婚

長きに亘るペリシテの支配のもとで、イスラエルの民を救う神の計画が密かに推し進められます。山地に住むダンの部族の家系に産まれたサムソンは、ペリシテ人の居住区である平野部へしばしば下って行きました。イスラエルの人々からは「無割礼のペリシテ人」（三節）と呼ばれて、交際も遠ざけられたであろうところで、周囲の目も気にせず民族の壁をやすやすと乗り越えていくサムソンの自由気ままな振る舞いは、現代人には魅力的に映るのではないかと思います。若いサムソンはペリシテの町ティムナで一人の娘を見初めました。「目をひかれた」とか「彼女が好きである」という表現がたびたび現れますが、本来そこにはロマンティックな恋愛のニュアンスはなく、むしろ、彼は自分の目によいと思うことを実行した、という点が際立ちます。彼はペリシテ人の娘を自分の妻にふさわしいと思い、両親のところへ行って、彼女を嫁に迎えることを要求します。モーセの律法に従う敬虔な家庭であれば同族のものから伴侶を選ぶのは当然です。しかし、サムソンは両親の願いなど意に介さず、自分の目に正しいと思うことを押し通そうとします。それが、ペリシテの支配下に置かれた当時の、特に若者たちの空気だったのでしょう。サムソンの両親が息子と一緒に嫁を迎えに行かねばならない理由はないはずですが、やはり被支配下にあるゆえか、サムソン一家はわざわざティムナの嫁の家まで出かけて行って婚宴を祝います。この結婚が無謀なものであって、祝福されたものではなかったことは、無残な終わりから明らかです。妻は婚宴の席でサムソンの付添人となった友人のものとなりました。ここでは時代の混迷ぶりが家庭の破綻として描かれます。各々が自分の思うことをよしとする時代は、聖書では混沌として描かれます。

サムソンの両親がイスラエルの信仰者の家庭であったことは先の誕生物語からも明らかです。しかし、父は息子の信仰教育に失敗していますし、息子が動物の死骸からかき集めた蜂蜜を、そうとは知らせずに親に食べさせて汚すところは、エバとアダムに罪を犯させることになった蛇さながらの行為です。彼はナジル人としてささげられているはずなのですが。父親のマノアが特に責められている様子はありませんから、これが時代の悪さなのでしょう。神の民からもはや倫理を形づくる掟は失われ、ふさわしい指導者も与えられずに、皆が自分の思うままに振る舞って、世の中が殺伐としている様子です。

サムソンの謎かけ

ティムナでの婚宴には、花嫁の家の隣人たちが三十名呼び集められました。一〇節によれば「若者たちの宴会」ですから、花嫁の友人たちで、サムソンも既に知っていた仲間たちであったかもしれません。宴会の余興としてサムソンは謎かけを提案します。一種の知恵比べです。これが「麻の衣三十着、着替えの衣三十着」を賭けてのギャンブルとなりました。そこでサムソンが出した謎とは、「食べる者から食べ物が出た。強いものから甘いものが出た」（一四節）、これは何か、というものです。答えはいろいろと考えられます。たとえば、その答えは「愛」だ、と言っている人たちがいます。サムソンの問いからはわかりかねますが、一八節にある町の人々の答えを見れば、なるほどと思えます。愛は蜂蜜よりも甘く、獅子よりも強い。これは結婚式にふさわしい、当時の民衆の間で流行していた謎かけだったとも言われます。あるいは、答えは「火」である、と述べている註解者があります。火はあらゆるものを食い尽くしますが、上手に使えば美味しい料理になります。そんな風に私たちの側で勝手に考えれば幾つもの答えようがあるのかもしれませんが、サムソンの答えには彼なりの意図がありました。

ティムナに下ってくる途中、一頭の若獅子に襲われました。するとサムソンは主の霊に満たされて、恐れもせず素手でライオンを引き裂いてしまいました。ギリシア神話に登場するヘラクレスが最初に行った仕事が獅子退治で、町の人々を脅かしていたライオンを素手で絞め殺したことを思い起こせば、サムソンは古代の神話的な英雄の姿を見せています。そのライオンの死骸を脇道に捨て置いて後日またそこへ戻ってみると、「獅子の死骸には蜜蜂の群れがいて、蜜がありました。

動物の死骸に蝿が群がるならまだしも、蜜蜂が巣を作っていて、そこから蜂蜜が採れた、などとはぞっとしませんが、これには同じような話が古代には伝わっています。ヘロドトスの『歴史』には、ハマト人の間で毎年行われていたオネシロスの祭りのことが記されています。それによれば、ペルシアに反抗したキプロス人の指導者オネシロスをハマト人が捕らえて首を晒したところ、その髑髏に蜜蜂が巣を作った。そこで神託をうかがったところ、オネシロスを丁重に葬って毎年祭りを行うようにとお告げがあり、そうするようになった、とあります。また、古代ローマの詩人であったウェルギリウスの詩の中にも、牛を切り裂いて森の中へ死骸を放置し、九日目に戻ってみると蜜蜂がそこに巣を作っていて、蜂蜜を集めることができるようになった、などという記述が出てきます。現代の常識はともかく、古代の人々の間には蜜蜂が死骸に巣をつくる、というような話はよく知られていたようです。サムソンの場合は、英雄たちが獅子退治をしたという話と、蜜蜂の話が一つに結び合っていますが、これが謎かけの答えになります。

サムソンが出した謎は、ですから本人以外には答えがわからないものです。ペリシテの友人たちが怒って「我々からはぎ取るために招待したわけではないだろう」と言うのも無理はありません。サムソンの方が狡猾で欲深く振る舞っています。

戦いの開始

謎が解けない友人たちは、花嫁を脅迫して何とか秘密を明させようとします。「火を放ってあなたを家族もろとも焼き殺してやる」とヤクザまがいの脅し方です。もっとも、こういう言い方はエフタの時代にもエフライム人の口から聞かれましたから、これもまた「無割礼の者たち」の間で聞かれた、律法が尊ばれず、神を見失った時代の特徴なのでしょう。それでサムソンの妻は夫から秘密を聞き出すために、涙を武器にして籠絡を図ります。「あなたはただわたしを嫌うだけで、少しも愛してくださらない」（一六節）というのは、ですから、サムソンが冷たい男だった事実ではなくて、秘密を明かさないことへのクレームです。涙ながらにそう訴えるのは常套手段でしょう（今でも女性はそうだなどとは思いませんが）。こうして花嫁に責められ続けてサムソンはまいってしまい、ついに彼女に答えを打ち明けてしまいます。『続編』にある『ギリシア語エズラ記』によりますと、この世の中で一番強いものは女と酒と王だと言われますが、サムソンの場合は他のものはものともしませんけれども、女性には敵わない弱さがあって、それが致命的な欠点にもなります。

ここの話の筋の上で、翻訳でも解決できないまま残っているのが日の数え方の問題です。サムソンは宴会の続く七日間のうちに答えを出すように言いましたが、三日経っても答えが見つからず、七日目の最後の日になって花嫁に詰め寄ったと一五節にあります。ところが一七節を見ますと、七日間、花嫁はサムソンに泣きすがったとありまして、その最後の七日目についに答えが明かされたとなりますから筋が合いません。それで多くの古代語訳を見ますと、一五節と一七節の初めを「四日目」と読み替えています。「三日」も「七日」も聖書では決まった形の言い方ですから、ヘブライ語の原文では必ずしもそのとおりの日数を表しているのではないのかもしれません。話の流れを重要視するならば、一五節と一七節は「四日」と読んだ方がよろしいでしょう。

妻に裏切られたサムソンは怒りに燃えて過激な行動に出ます。ここでまた「主の霊が激しく彼に降った」とありますが、この頃の霊の働きかけは理性的なものよりも激しい熱情を惹き起こす意味合いで記されています。謎を解かれてしまって約束を果たさねばならなくなったサムソンは、客人たちをそのままにして、同じペリシテの町であるアシュケロンへ下り、そこで無作為に三十人を手にかけて着物を剥ぎ取り、それを懸賞の品として差し出しました。エフタの軽率な誓いにも似て、自分の出した謎かけが元でこうなった訳ですから、あんまりと言えばあんまりなのですけれども、これがサムソンとペリシテとの間に楔が打ち込まれた結果となって、いよいよ戦いが始まることになります。復讐を果たしたにもかかわらずサムソンは怒りに燃えたまま父の家に引き返します。そして、妻はペリシテの元友人のものとなり、彼の最初の結婚は破綻しました。

神の秘められた計画

敵の支配下に置かれて屈辱を強いられる中、律法が失われて親子の関係が変わり、異教徒との結婚や交流が進んで、言葉も行いも殺伐としているような時代のことがここに書かれています。とても現代的に感じられますが、こういう時期がおそらく何度もイスラエルの歴史にはあったのだと思います。ヘレニズム政策による民族同化が進んでいった旧約後の中間時代もまたそういう時代だったようです。『士師記』では、ダビデのようなメシアが待ち望まれた背景としてその前夜が記されているわけですが、同じくメシアが待望されたアドヴェントの夜として、中間時代も新約の前夜に位置付けることができます。そうした比較から、ここに描かれているのはまさにアドヴェントの夜の出来事といえます。

そしてここにあるメッセージは、こうした暗い夜も神の御手の中にある、ということです。四節によれば、サムソンの無謀な結婚もまた、主のご計画であったと告げられています。主なる神は苦境の中にあるイスラエルの民を救うために、サムソンを選び、ペリシテ人との戦いに臨ませようとしています。そのきっかけが実に彼の無謀な結婚であったわけです。罪の深みに霊性が深く落ち込んだ時代には、誰もがそのしがらみからは逃れられないでいます。神がお立てになった士師さえも、ひどく世俗的な人物になり果てています。それでも主なる神は、その現実の中に救いの手を差し伸べておられて、ご自身の御旨を果たしていかれます。サムソンがいかに俗っぽい粗暴な人間であっても、ナジル人としてささげられた彼は神の僕として用いられます。御使いが告げたその定めからは逃れることができません。約束されたメシアであるイエスがこの世に現れた時も実に同じようでした。神の子であるその神々しいお姿に人々がひれ伏したのではありませんでした。いつも罪人たちと一緒にいて交わりをもつその人となりに、「あいつは大食漢で大酒飲みだ」と噂して、イエスの上に現れている神の御業に目を止めることはありませんでした。しかし、確かに救いはイエス・キリストによって果たされて、神のご計画に従って、罪による滅びから解放された人々が、天の御国に続々と集まるようになりました。

神なき時代にあって、私たちもまた世の中の汚れに身を染めながら、神に召されて生きるようにされています。救いがないように見えるこの世界で、たとえ人がどう評価しようとキリストを信じる私たちが目に見えるしるしです。神のご計画は信仰をもって歩む私たちをとおして進められます。キリスト者でありながらも躓きがあり、自分の弱さゆえの失敗を重ねながらの歩みですが、それもまた神のご計画の中にあります。失望しないで、父である神に望みをもって、私たち自身と隣人の平和のために祈りながらこのアドヴェントを過ごしたいと思います。

天の父なる御神、あなたの御業を果たすために、私たちにも聖霊を注いでください。そして、罪の支配に置かれたこの世界にあって、闇を照らす灯としてください。私たち自身が負っている罪と弱さに傷つけられる時にも、御子キリストの贖いのゆえに、父なるあなたへの信仰にとどまることができ、勇気をもって顔を上げることができるようにしてください。あなたの力でなくては助けることのできない多くの人々のために、このクリスマスにも福音の力を御示しくださいますように。主の教会一つひとつの働きに、あなたの祝福と励ましをお与えください。主イエス・キリストの御名によって祈ります。アーメン。

一五　サムソンの復讐

一五章一―二〇節

サムソンの報復

サムソンはペリシテの女性と結婚しましたが、その祝宴の席で客との間にいさかいが起こり、ペリシテ人との関係を悪くしてしまいました。それで、一旦自分の町へ引き揚げたのですけれども、妻のことを思い出して再び彼女の家に出かけます。「一匹の子山羊を携えて」いったのはお土産としてです。けれども、一四章の終わりにありましたように、サムソンの妻は結婚式の付添人だった友人のものとなっていまして、花嫁の父親はサムソンを迎え入れませんでした。その父親はどうやら悪人ではなかったようで、娘の妹の方を改めて嫁にしてはどうかと提案するのですが、サムソンはこの顚末をペリシテ人全体の悪意と捉えて、復讐のためにとんでもないことをやらかしました。

時は「小麦の収穫のころ」だったと一節にあります。どうやって捕らえたかわかりませんが、サムソンは三百匹ものジャッカルをまず捕まえました。「ジャッカル」とは最近の読み方で、中東のこの地域のことを考えるとそうだろう言われての翻訳です。聖書の中では「狐」だとか「山犬」だとか文脈によって異なる訳が付けられています。『エゼキエル書』一三章三節に、「廃墟にいる山犬」という言葉が現れるように、ジャッカルは荒廃と結びついていてあまりよいイメージはありません。あるいはペリシテの支配下にあった当時の世情が象徴されているのかもしれません。また『詩編』六三編一一節では敵への報復が願われて「剣にかかり、山犬の餌食となりますように」などと祈られていますから、ジャッカルは敵への報復の手段として選ばれた動物なのかもしれません。

サムソンはこの大量のジャッカルを一組ずつ尾と尾を結びあわせ、その結び目に火のついた松明を挟んで、ペリシテ人たちの畑に放ちました。すでに刈り入れが始まっていたようですけれども、刈り取られた麦もまだ畑に残っていた麦も、さらには葡萄畑もオリーブ畑も一切が炎に飲み込まれて焼き尽くされました。

ジャッカルがいい迷惑だと思いますが、ギリシア語訳によればジャッカルは「狐」となります。イソップ童話の中に『農夫と狐』というこれとよく似た話があります。

農夫は、狐が鶏を盗むので大変憎んでいた。ある日のこと、農夫はついに狐を捕まえた。そして、徹底的に懲らしめてやろうと、縄を油に浸し、狐の尻尾に縛りつけて、火をつけた。突然の災難に、狐は、そこらじゅうを駆け回った。そして、ある畑へと入って行った。実はそこは、その農夫の畑だった。畑はその時期、小麦の収穫の季節であった。たわわに実った小麦は、景気よく燃え上がり、跡には何も残らなかった。農夫は悲嘆にくれて、家路についた。

出典　https://aesopus.web.fc2.com/　訳・ハナマタカシ

この話の背景になるような事例が、紀元一世紀頃のイタリアのカルソーリという村の風習に残っていると、古代ローマの詩人オウィディウスが伝えています（『祭暦』四・六七九）。イソップ童話の教訓は「腹を立てたにしても、無茶なことをしてはならない」ということだそうですが、その無茶な行為をサムソンは敵への腹いせにあえてして見せた、ということです。

また、「松明」は聖書ではモーセらを荒れ野で導いた「火の柱」と同じく神の顕現のしるしとなったり（『創世記』一五章一七節）、神の裁きを表したりします。たとえば、『ゼカリヤ書』一二章六節です。

その日、わたしはユダの諸族を薪で火を噴く鉢のように、麦束で燃え上がる松明のようにする。

それは左右に燃え移って、周りのあらゆる民を焼き尽くす。

『出エジプト記』二二章五節にある掟からしますと、「火を出したものが必ず償わねばならない」のですから、サムソンの仕業は決して正当化はされないでしょうけれども、その背後に神が働いておられてペリシテに対する裁きを進めておられるのを、ここから読み取ることができます。

これによってサムソンとペリシテ人との関係はさらに悪化します。焼き討ちにあったペリシテ人は、犯人のサムソンを怒らせたティムナの父親に罪があるとみなして、元妻と父親を家ごと焼き払って報復を果たしました。あるいは、サムソン自身に立ち向かうのを恐れたからかもしれません。彼らはサムソンの婚宴の時にも花嫁に迫って、謎の答えを教えないと焼き殺す、などと脅迫していましたから、素行の悪い者たちであったのでしょう。するとまた、サムソンがこれに報復を誓って、蛮行に及んだ者たちを徹底的に打ちのめしました。

このように報復が報復を呼んで段々エスカレートする中で、サムソンはペリシテとの対決に及びます。ナジル人として両親にささげられたにもかかわらず、恐るべき破戒坊主ぶりを発揮するサムソンは「わたしには罪がない」と平気で言ってのけます。しかし、預言者エレミヤの言葉によれば、「わたしは罪を犯していないと言うなら、裁きの座に引き出される」（二章三五節）のであって、自分のために報復に打って出るサムソンの行為は正当化されません。聖書では、復讐は神がなさる報いであって、人間には許されていません。ダビデがサウル王に仕えている時、王に命を狙われて苦しい逃亡生活を強いられます。そこでダビデは報復に打って出ることもできたのですけれども、それを思いとどまってサウルにこう語りました。『サムエル記上』二四章一三節です。

主があなたとわたしの間を裁き、わたしのために主があなたに報復されますように。わたしは手を下しはしません。

サムソンはダビデの姿には程遠く、自分のやり方を貫いてペリシテとの戦いの深みにはまっていきます。それは彼らの罪の結果であり、その時代の闇の深さなのですけれども、そこにも神のご計画があって、サムソンが士師としての役目を果たしてゆくわけです。

レヒの戦い

サムソンはペリシテとの対決姿勢を決定的にしてしまったので、もはや人里には住まず、エタムの岩の裂け目に身を隠しました。そこがどこなのかは地図では特定できないのですが、どうやらユダの所領であったようで、ユダの人々がペリシテの報復に巻き込まれることになりました。一一節にありますように、ペリシテに主権を奪われている時期のことですから、ユダの人々からすればサムソンはいい迷惑です。「なんということをしてくれた」とのクレームに対して、サムソンは「彼らが私にしたように、（私は）彼らにしただけだ」と答えています。これも『箴言』二四章二九節では次のように戒められています。

「人がわたしにするように／わたしもその人に対してしよう。それぞれの行いに応じて報いよう」とはあなたの言うべきことではない。

いままでの士師でしたら「主がそうなさった」と答えて、民を戦いへと鼓舞するところでしょうけれども、サムソンはあくまで自分の関心だけで動きます。

サムソンは自らユダヤ人たちの手に身柄を委ねて、ペリシテのもとに送られます。「新しい縄二本」で縛られていますから、サムソンの怪力を見越した上での厳重な拘束です。レヒ（あご骨）と呼ばれる場所で身柄の引き渡しがなされ、ペリシテ人はその瞬間勝利の歓声を挙げました。ところが、そこでついに士師サムソンとペリシテ人との本格的な戦闘が始まります。主の霊を激しく受けたサムソンは、新しい縄二本をものともせず引きちぎり、足元にあった「真新しいろばのあご骨」を拾い上げます。そして、それを武器にしてペリシテの兵千人を一息に倒してしまいました。

昔、新日本プロレスに「伝説の巨人」と呼ばれたアンドレ・ザ・ジャイアントというレスラーがいまして、身長二メートル三十センチ、体重二百四十キロのまさに巨人でした。当時、実況アナウンサーだった古舘伊知郎さんは、彼のことを「一人民族大移動」とか「一人人海戦術」と呼びましたが、まさにここで描かれたサムソンの姿がそれにふさわしいかと思われます。これまでの戦いでは士師に率いられてイスラエルが戦いました。このペリシテとの戦いにおいて民はいません。サムソンだけです。サムソンだけが「一人イスラエル」になって敵を滅ぼします。この一人で千人を倒した事件は、そのまま「ラマト・レヒ」という地名に結びついて、人々の間で語り継がれることになりました。

祈る者の泉

一八節と一九節に加えられた一つの出来事は何か唐突な感じもしますけれども、おそらく地名に因んだ原因譚として続くものと思われます。これは「エン・ハコレ」すなわち「呼ばわる者の泉」という意味の泉がレヒにあって、その謂れがここに明かされます。歴史家のヨセフスが『ユダヤ古代誌』の中で興味深い解説をここに加えています。サムソンはレヒでの奇跡的な勝利を自分の手柄にしてしまって、神に栄光を帰することもしなかった。ところが猛烈な渇きに襲われて自分の無力さを知ることになり、「すべては神によるものと認めざるを得なくなった」。そこで助けを求めて神に祈った、と言います。行間を読み解こうとすれば、このような説明も可能かもしれません。ここから知らされるのは、確かにサムソンもまた信仰者であって、神の助けなくしては何もできなかった、ということですけれども、より大切なことは、このような手に負えない僕ではあっても神は彼と共におられ、イスラエルのために救いを用意しておられた、とのことでしょう。神が岩場を裂いて水を吹き出させた出来事は聖書に何箇所か記されています。それは荒れ野を旅するイスラエルの不平を神が忍耐して聞きあげてくださって、憐れみをお示しになったことをさしています。一人で敵との戦いを戦うサムソンの渇きが潤されたのも、それに連なる出来事でしょう。神はサムソンを通じて、霊的な荒れ野をさまようイスラエルを顧みてくださった、ということです。その水を飲んで、サムソンは元気を取り戻し、生き返りました。神はイスラエルの祈りに答えて命の水で養ってくださるお方です。

復讐の連鎖を超えて

これまでの士師たちにささげられた記事と同じく、サムソンによる統治の期間が記されて、ひとまずサムソンの話は終わります。第二部がこのあと始まるのですが、一旦話はここで区切りが付けられます。サムソンが士師であった期間は二十年間とあります。四十年が一単位とします と、その半分です。評価としては、ですから、よくもあり悪くもある半分半分の評価です。イス ラエルはペリシテの手から解放されて平和を享受した、とは書かれていません。いまだペリシテ の支配下にありながらサムソンの活躍に支えられてイスラエルは命を保った、ということです。 サムソンの戦いには他の士師たちのような、イスラエルを率いて主の戦いを戦う輝かしさは見ら れません。私怨から復讐が復讐を呼ぶ泥沼の中にあって、ただナジル人としての神の賜物がイス ラエルを命の内につないでいます。もしも神の賜物が絶えてしまうのならば、この世は闇です。 復讐の連鎖はいまも止んではいません。

昨年（二〇一四年）、シリアの内戦で亡くなった方の数は七万六千人、イラクで亡くなった方 の数は一万五千人、ガザへの空爆で殺された子どもの数は四百人以上です。復讐は今や世界中で 映画や文学のテーマになっています。たがが外れたように徹底的な復讐を描き出すことでカタル シスを得ようとしているようにも思われます。そういう世界の中で私たちは聖書をとおして神の 御旨を知らされています。人間の罪に対する復讐は神がなさる、ということ。真の義と真理を もっておられる天の神だけがそれをなさる、ということです。そして、私たちはたとえ神に報復 を求めても、自分では手を下さないように教えられています。サムソンは反面教師です。『士師 記』のこの箇所では、彼が生きた時代が訴えられているのであって、それを真似て自分たちを正当化することが求められているわけではありません。復讐の背後には大切な人の命を損なう残酷な悪や災いの現実があります。この地上にあっては誰もがその危険にさらされていて、そこから逃れるには神に頼らざるをえません。イエス・キリストによって救いを現された神が、やがてこの復讐の連鎖を断ち切ってくださるとの希望をもって、私たちはこの年も祈り続け、平和を訴えてまいりたいと願います。

天の父なる御神、私たちは今年も旧約聖書の御言葉からあなたの御旨を学び、人間の歴史からも学びたいと願っています。御前にあって罪の中に深く落ち込んでいる世界の様は隠しようもありませんけれども、どうか、御子イエスの内に表された憐れみによって、小さな命を守り、救ってくださいますようお願いします。あなたの豊かな霊の賜物をそのために私たちに送ってください。主イエス・キリストの御名によって祈ります。アーメン。

一六　サムソンとデリラ

一六章一―二二節

汚れたナジル人

サムソンの物語には二つの終わりが用意されていて、一六章はその第二部に当たります。一節から三節の短い話は一六章全体の事の顛末の始まりです。こんな出来事です。

サムソンはペリシテの支配する町の中心であるガザに出かけました。「ガザ」の名は今日よく知られているとおり地中海の東岸に面したパレスチナの町です。昨年はイスラエルの空爆を受けてひどい被害に遭いました。サムソンがそこに出かけたのはもともと戦うためではなくて遊女と一晩過ごすためです。これまでも見てきましたとおり彼はまさに「汚れたナジル人」です。「遊女」に対する聖書の評価は独特です。預言者エレミヤの言葉によれば次のように言い表されます。

どうして、このようなお前を赦せようか。お前の子らは、わたしを捨て／神でもないものによって誓う。わたしは彼らに十分な食べ物を与えた。すると、彼らは姦淫を犯し／遊女の家に群がって行った。（『エレミヤ書』五章七節）

遊女を買いに行くことは姦淫になるわけですが、預言者たちがそう言うのは喩えであって、意図されているのは偶像礼拝です。イスラエルの民が信仰を捨てて異国の文化に親しむ中で偶像の神々を拝むようになったことを「姦淫」と表します。サムソンはペリシテと交わりをもって、一旦はペリシテ人の妻を持つほどでしたけれども、それもまたイスラエルの掟のもとでは「姦淫」に等しいことです。ペリシテの町ガザに下って行って遊女を買う。それは単にサムソンが女好きでだらしないということを描いているのはなくて、彼が信仰的に「汚れたナジル人」であることを表します。

しかし、ペリシテ人にとってサムソンはすでに敵となっていました。レヒの戦いではサムソン一人に千人もの仲間が殺されました。そこで彼がガザにやってきますと、すかさずニュースが広まりまして、彼の命を狙う輩が集いました。ガザのペリシテ人たちは一晩中息を殺して待ち伏せした様子ですけれども、サムソンの方はと言いますと夜中に一人で起き出してさっさと帰ってしまいます。門に待ち伏せがあるのに気づかれなかったのは不思議ですけれども、おそらく逃げられないように町の門には施錠がしてあったところ、鍵を開くどころか門柱ごと扉を地面から引っこ抜いてしまって、それを担いでさっさと出て行ってしまったわけです。町の門と一口に言っても、敵の侵入を防ぐために張りめぐらされた要塞の門です。人間が担ぐことのできるものとはわけが違います。さらにサムソンはそれをヘブロンの近くまで運んだと言います。ヘブロンの町を囲むユダの山々の山頂の一つということですが、そこはガザから少なくとも五十キロは離れています。しかも海から山頂ですから登りっぱなしです。私たちの想像を超えた怪物ぶりですから微笑ましくも感じられますが、山の上に町の城門を運び去られたガザの住民からすればとんだ恥さらしです。ガザの壁には穴が開きっぱなしということにもなります。

この事件が引き金となって、いよいよペリシテの領主たちが顔を揃えてサムソンをなんとかしようと相談するのでして、ここからサムソンとペリシテの戦いは小競り合いを通り越して国家的になります。とは言っても、これまで見てきましたように、サムソンに率いられてダンの部族が立ち上がるわけではありません。サムソンは最後まで一人、イスラエルを背負って敵に立ち向かいます。

サムソンとデリラ

『サムソンとデリラ』の話は二度も映画になっていますから、『士師記』の中でも一際よく知られていることと思います。まだ見ていないようでしたらデミルの古い方をお勧めします。映画であれば聖書に忠実であればよいというものではないと思います。

デリラという女性の素性について聖書はそれほど詳しく紹介してはいません。サムソンが心を惹かれたのですから、美しい女性であっただろうと想像するのですが、そうとも書いていません。「デリラ」という名の語源もよくわかりません。『雅歌』の七章六節に「長い紫の髪」という表現があって、その「長い髪」と「デリラ」という言葉が似ています。そこでなにか髪の毛を意味する言葉ではないかと専門家が論じています。「巻き毛のおさげ」とか、「解かれた髪」とか、「媚をうる」などという解説もあります。なるほど、デリラらしいとは思います。

また、彼女は「ソレクの谷にいる」と言われますが、この地名はペリシテの領地ではないようです。サムソンの先妻についてははっきりとペリシテ人の娘と書いてあったのですけれども、デリラはおそらくイスラエル人の女性です。そしてサムソンとの関係ですが、翻訳では四節で「デリラという女を愛するようになった」と曖昧ですが、原文では「妻を愛した」と読めますから、サムソンは再婚したのかもしれません。最初の結婚は一目惚れして失敗したのですけれども、二度目は本気で「愛した」わけです。

ペリシテ人の領主たちはそこに付け込んで、デリラをうまく買収してサムソンの弱点を探し出そうとしました。報酬は、領主一人につき銀千百枚です。ペリシテの領主は全部で五人いるはずです。ガザを筆頭にして、アシュドド、アシュケロン、ガト、エクロンの五つの町がペリシテの町でした。そうするとデボラがサムソンの秘密を暴き出した暁には銀五千五百シェケルを手にすることとなります。次の一七章一〇節では、レビ人が年に銀十シェケルでミカに雇われています。その五百五十倍ですから、一生遊んで暮らせること請け合いです。ペリシテ人たちはサムソンを殺害することを求めてはいません。あくまで「縛り上げて苦しめること」が目的です。そのために怪力の源を探すようにとデリラに求めました。

ここからサムソンの怪力と、金と、女の魅力もしくは愛が力を競います。『エステル記』のようなペルシア時代の話でしたら必ずここに酒が加わるのですが、ここではまずその三者です。デリラの攻撃は三回に及びます。初めは丁寧にそれとなく秘密を聞き出そうとします。「あなたを縛り上げて苦しめるにはどうすればいいのか、教えてくださいませんか?」というものの言い方です。おそらく、サムソンはこの状況を楽しんでいます。かつて謎かけをしてひどいことになったのも忘れて、いかにもらしい謎めいた方法を答えます。「乾いていない新しい弓弦七本で縛ればいい」。確かに効きそうです。「弓弦」ですが、動物の筋をさすようですので、殺したばかりの牛や何かから取り出して、それで縛ることになります。犠牲も伴うわけです。「そうすればわたしは弱くなり、並の人間のようになってしまう」。サムソンのこの言い方にも実は謎が隠されています。「並の人間」と訳したら台無しです。「人間の一人」と元は書いてあります。「並の人間」と訳して良いところは一七節だけで、そこは最後に真実を明かしてしまうところで「すべての人間と同じようになってしまう」と言っています。つまり「並の人間」です。けれども初めサムソンはそうは言っていません。「人間の一人」です。その「一人」が意味するのは、「一員」でもありますが、「一番」にもなりえます。デリラは「一員」と聞いたのでしょう。そこで、デリラはペリシテの領主たちにその秘密を打ち明けてサムソンを捉える手はずを整えます。丁寧に自分の部屋に伏兵を隠しておいて、「やってみていいかしら?」とでも口説いたのでしょうか、それとも眠らせた隙だったのでしょうか、ともかく、獲れたての新しい弓弦七本でサムソンを縛りました。ところが、サムソンはそれをいとも簡単に「麻ひもが火にあぶられて切れるように」ぷちんと断ち切ってしまった。サムソンは普通の一人の人間ではなくて、特別な一人であったわけです。こうして初回はサムソンが勝ちます。

こうしたやりとりが三回続いて、いずれもデリラはからかわれてしまうのでして、サムソンの秘密を手に入れるのに失敗します。一箇所だけ翻訳の問題がありますからお話ししておきます。一三節の終わりから一四節にかけてのつながりがおわかりになるでしょうか。

彼が、「わたしの髪の毛七房を機の縦糸と共に織り込めばいいのだ」と言ったので、彼女はそれを釘で留めて、「サムソン、ペリシテ人があなたに」と言った。

『聖書 新共同訳』はおそらく割り切ってヘブライ語をそのまま訳しています。しかし、この部分は他の翻訳聖書が記しているように、ちゃんと補っておかないと文意が通じなくなってしまいます。以前の『口語訳聖書』ではこうなっていました。

「あなたがもし、わたしの髪の毛七ふさを機の縦糸と一緒に織って、くぎでそれを留めておくならば、わたしは弱くなってほかの人のようになるでしょう」。そこで彼が眠ったとき、デリラはサムソンの髪の毛、七ふさをとって、それを機の縦糸に織り込み、くぎでそれを留めておいて、彼に言った、「サムソンよ、ペリシテびとがあなたに迫っています」。

こうするとよくわかります。旧約聖書はヘブライ語で書かれていますが、聖書を書き写す作業は今と違って手でやる訳ですからどうしてもミスがでる可能性があります。「聖書は誤りなき神の言葉」ですけれども、こういう類の誤りはときどき起こります。そこで、それを見つけるにはギリシア語やラテン語などの古い写本を見ればよいわけで、この箇所の場合はそうした他のものがちゃんと読むべき元の本文を伝えているので修正できます。

三回目のチャレンジの時にはデリラの態度も変わって「お願い」が「要求」になっていますが、サムソンは相変わらずで、デリラを手玉にとって答えます。もはや伏兵も部屋にはいませんが、帰ってしまったのでしょう。「三度目の正直」と言いますが聖書では「四度目」です。『士師記』九章にヨタムの預言がありました。そこで木々が王を求めて三回断られて、四度目にようやく茨に引き受けてもらった、という譬えが語られました。デリラは最後に作戦を変更します。「泣き落とし」です。涙を流していたかどうかはわかりませんが、「あなたの心はわたしにはないのに、どうしてお前を愛しているなどと言えるのですか」と、サムソンの愛に訴えます。何日続いたのかもわかりませんが、この延々と続けられる攻撃にサムソンは死にそうになりました。汚れてはいるけれども愛に生きる純情な男だったのかもしれません。デリラをからかって答えをかわしたのも、真実を明かしてしまえば彼女を失うのを恐れたからかもしれません。書いてはありませんけれども、しかし、ついにサムソンはデリラにすべてを打ち明けました。秘密よりも愛を選んだのでした。

誕生の時に天使が母親に告げたように、サムソンの秘密は髪の毛にありました。彼は生まれる前から神にささげられたナジル人で、生まれてから一度もかみそりを当てたことがなかった。それで、長い髪を七つの房に編んでいたわけです。秘密を打ち明けてデリラの愛を勝ち取ったと思って安心して膝枕で眠るサムソンは、結局お金のために敵に売り渡されてしまいました。

力の源

謎解きは終わって、最後に勝ちを収めたのはサムソンの怪力でも愛でもなく金の力でした。サムソンはペリシテ人に捕らえられてガザに連行されます。かつて遊女を買いに行って土産に町の門を持ち去った報復がこうして果たされました。サムソンの動きを止めるために、ペリシテ人は彼の目をえぐり出して足には青銅の枷をはめ、彼は虜となって誰も見ていない牢屋で家畜のように粉挽きをさせられました。これが天罰であることは明白です。ナジル人であることの意味を考えないで、怪力を誇って自分の思うとおりのことをし続けた結果、もはや日の光を見ることのできない苦しみに沈むことになりました。「主が彼を離れた」と二〇節にあります。サムソンはいよいよ神に見捨てられたのでした。

ところが、まだ謎解きは終わっていません。それを解くのは御言葉を聞いている私たちです。そしてそれを解く鍵はサムソンの怪力にあります。「怪力」は日本語です。元の語は「大きな力」です。人間がこの「大きな力」を振るうのは聖書ではまれです。通常は神がお示しになる「大いなる力」をさします。サムソンの力の源は髪の毛ではありません。確かに禁を破って髪を剃ってしまったとき怪力は失われました。しかし、それは主が彼を離れたので、彼から力が失われたわけです。サムソンの怪力は、主なる神の大いなる力の現れでした。それをふさわしく用いるならば、別のしかたで神はイスラエルに救いをもたらしたに違いありません。サムソンはその力の用い方を誤りました。さらに、その力の源について見誤っていました。神が彼から離れたところで、彼は並みの人間にすぎません。愛に生きようとする純情な心も相手に裏切られてボロボロです。今日の御言葉では所詮金の力がものをいうような結末です。神の見えない時代に、神を失った世の中ではそうなってしまうかもしれません。サムソンはその犠牲者です。そして、ここから私たちに呼びかけられているのは、サムソンの怪力に神の大いなる力を見ることです。力の源は神にあります。自分の力ではなく、私の生きる力は神にあると信じてこそ、人は正しく歩む道を見出して困難な中からも救い出していただけます。「しかし、彼の髪の毛はそられた後、また伸び始めていた」。厳しい天罰を受けたサムソンにも、まだ、希望は失われていません。

驚くべき力の源であり、私たちの命の源であられる天の父なる御神、私たちはあなたの恵みによって主イエスと出会い、主の贖いによってあなたの民としていただきました。ひたすらあなたの力に頼って、御心に適う歩みをなし、この世にあって真実の愛に生きることができますように、あなたを見失いそうな時には、どうか御言葉によって立ち帰らせてください。主イエス・キリストの御名によって祈ります。アーメン。

一七　サムソンの最期

一六章二三―三一節

サムソンの最期

デリラを使ってサムソンの力の秘密を聞き出すことに成功したペリシテ人たちは、サムソンをもはや抵抗できないまでに虐待し、牢に閉じ込めました。ペリシテ人はカナンの古い神ダゴンを崇める民でした。ですから、今回の勝利もペリシテの神ダゴンがサムソンの神に勝利した出来事となります。ペリシテ人はこれを盛大に祝って彼らの神に感謝をささげます。「我々の神は敵を我々の手に渡してくださった」。これは主なる神の戦いを戦ったヨシュアがイスラエルに呼びかけた言葉を思い起こさせます（『ヨシュア記』一〇章一九節）。モーセの律法に完全に従ったヨシュアはその言葉のとおりに敵を滅ぼすことができたのですけれども、神の言葉を顧みず自分の欲に従ってデリラへの愛に心を明け渡したサムソンは、妻に裏切られ同胞にも見捨てられて自らの滅びを招きました。こうして勝利はもはや敵の手に渡りました。

ペリシテ人の祝宴もたけなわとなり、酔いで上機嫌になった彼らはサムソンを見世物にしようと牢屋から引き揚げました。二四節に「その民もサムソンを見て」とありますが、話の流れからするといつサムソンを見かけたのかわかりません。二五節になって初めて牢から出されるわけですから。そういうことで二四節と二五節は逆にした方がよい、という提案もなされています。事の順序からすると牢から引き出されて、初めてサムソンを見たのか、あるいはガザに連行された時に見たのでしょうけれども、ここではペリシテの領主たちも民も一緒になって彼らの神ダゴンをほめたたえた、ということを書きたいために、時間的な順序には注意を払っていないのだと思います。

サムソンは勝ち誇る人々の前で見世物にされ、笑い者にされました。「笑い者にされた」と受動的に訳されていますけれども、ここは人々を楽しませるためにサムソンが何かをして見せたという表現です。歌え、とか飲め、とか好きなことを見物客は言ったのではないかと思います。祝宴が行われている会場はかなり大きな場所で、建物の屋上に三千人の人間がおり、部屋の中もいっぱいであったと言いますから、さながら有名歌手のコンサート・ホールぐらいの賑わいであった様子です。これだけの人が落ちぶれたイスラエルのヒーローを見て笑ったわけです。

目の見えないサムソンは、恥と苦痛の中で主に祈りました。サムソンが祈るのはこれで二度目です。レヒの戦いで千人の敵を倒した後、渇きで死にそうになった時に主に祈って、泉を湧き出させていただいたことがありました。サムソンは「わたしを思い起こしてください」と主なる神に呼びかけました。デリラに騙されて髪の毛を剃ってしまった時に、主はサムソンのもとから去ったとありました。インマヌエルの証を失って、暗闇の中に閉じ込められた時の祈りが「わたしを思い起こしてください」です。サムソンは心から罪を悔い改めて神にすがりました。

サムソンは「今一度だけわたしに力を与えてください」と祈り、ペリシテに対する復讐を願いました。剃られた髪の毛が再び生え始めていた、と二二節にありましたが、髪の毛が生えれば自動的に力が戻る訳ではありません。力の源は神です。ですから、サムソンは神に力を願います。建物の構造がどうなっていたのかはわかりませんが、その全体を支える中央の二本の柱を探り当て、両手でその二つを思い切り押し倒します。かつて一人で千人の敵を倒したサムソンでしたが、この時はそれをはるかに上回る人数の敵を倒して、ペリシテはサムソン一人の手によって滅ぼされました。歴史の上ではペリシテ人はこれで死に絶えたのではなくて、この後のサウル・ダビデの時代にイスラエルの好敵手として現れます。しかし、この文脈では、ペリシテはサムソンによって滅ぼされて、イスラエルは敵の手から解放されます。汚れたナジル人であったサムソンもまた、こうして神から遣わされた士師としての生涯を全うして、最後は自分の命をささげて民の救いを勝ち取りました。

ナジル人の秘密

サムソンの生涯を振り返りますと、そこにイスラエルの運命が映し出されていることに気がつきます。モーセの律法によれば、カナンの土地を与えられたイスラエルは異邦人との境界線を明確にして、特に宗教上の線ははっきりと区別をつけて主なる神との契約に忠実に生きることが求められていました。二章には士師たちの時代のイスラエルの歩みが要約して書かれてありますが、それによればイスラエルは神との契約を破って地元の神々を礼拝するようになり、その度に敵の手に陥って苦しみを味わい、神に救いを求めて士師たちによって救い出されるということをくり返しました。二章二〇節以下にこういう時代をご覧になっている神のことが次のように記されています。

主はイスラエルに対して怒りに燃え、こう言われた。「この民はわたしが先祖に命じたわたしの契約を破り、わたしの声に耳を傾けなかったので、ヨシュアが死んだときに残した諸国の民を、わたしはもうこれ以上一人も追い払わないことにする。彼らによってイスラエルを試し、先祖が歩み続けたように主の道を歩み続けるかどうか見るためである。」

こうして神がイスラエルの信仰を試すといっておられる中で、ナジル人として神にささげられたイスラエル人のサムソンが、イスラエルを救う士師として生まれてくるわけですが、彼は士師らしく振る舞うというよりも、神との契約を破り、その声に耳を傾けないイスラエルの典型として自由気ままにペリシテの民と交遊しました。ペリシテ人の妻を娶り、ペリシテ人の町へと遊女を買いに出かけ、デリラへの愛に溺れて翻弄されるあたりは、偶像崇拝に誘われて主なる神に姦淫の罪を働くイスラエルの姿を映し出します。

そして女性への愛を選んで神との誓いを捨てたサムソンが、主の臨在を失って、目をつぶされて、青銅の足枷をかけられて、光のない世界に下って行く姿は、エルサレムの破滅を描いた『エレミヤ書』の次のような描写と重なります。

バビロンの王は、ゼデキヤの目の前で彼の王子たちを殺し、また、ユダの将軍たちもすべてリブラで殺した。その上で、バビロンの王はゼデキヤの両眼をつぶし、青銅の足枷をはめ、彼をバビロンに連れて行き、死ぬまで牢獄に閉じ込めておいた。（五二章一〇－一一節）

バビロン捕囚による崩壊へと向かう時期に、主の栄光はエルサレムを去ったと告げたのは預言者エゼキエルでしたけれども、そのイスラエルの運命を、サムソンは主にささげられた一人の汚れたナジル人として、その生涯をとおして表しているわけです。

そこでサムソンの悲劇的な生涯に表されたのは、聖書全体から教えられるところの、神に背いた罪人の辿るべき運命だ、と言えます。それは実際にイスラエルの民によって経験された敗戦の記憶とも結びついています。そして同時にそこには救いの道も示されています。それはサムソンが最後にささげた祈りです。「わたしを顧みてください」との祈りがまっすぐに神へと向かい、悔い改めが示された時には、神が救いの手を差し伸べてくださいます。それは同時に、捕囚の後に真の悔い改めをもって新しい時代へ向かっていった生き残りの民が歩んだ道でもありました。

ペリシテ人はサムソンを捕らえてダゴンの神に感謝をささげて盛大な祝宴を行いましたが、結局それは滅びにつながる道でした。彼らはサムソンの秘密を暴いたことで有頂天になりましたが、本当の秘密を手にしたわけではなかった。サムソンが好んだ謎解きなどは知恵のゲームにすぎず、髪の毛の秘密はそのゲームの回答にすぎません。その本当の秘密は髪の毛に力を与えているお方は誰かというところにありました。人間の髪の毛にそんな力が宿っているはずもなく、ましてやダゴンなどの偶像にその源があるわけでもない。サムソンを「怪力」にしたのは、母にそうせよと命じた天使の言葉があって、その約束のもとに止まっていたからこそ、髪の毛のしるしが神の力を呼び寄せていた。そうして主が共におられることこそがサムソンの力の源であり、見出されるべき謎解きの本当の答えでした。ペリシテ人はそれには全く気づかずに、力をもたない自分たちの偶像を勝手に拝み、サムソンを支配したと思い込んで浮かれていたわけです。サムソンを闇に下らせたのは神の罰であって、そのためにペリシテ人が道具となったのにすぎません。ですから、その思い上がりに対してもまた罰がくだされてペリシテ人はサムソンに滅ぼされたのでした。

サムソンは自分の罰を引き受けながら、命をささげて神のみ旨を果たして生涯を終えます。イスラエルもまたそうした歴史を歩みます。神はイスラエルに捕囚という罰をお与えになりました。しかし、彼らをご自分の民として選んだのは神ご自身でしたから、これを滅ぼし尽くすことはなさらず、生き長らえさせて新たな悔い改めの道へ導き、さらにご自身の救いの計画を果たすための力をもお与えになりました。

キリストへの道

こうしてサムソンの短い生涯に表されたイスラエルの運命を知り、またここから後に展開されるイスラエルの歴史を辿るその先に、「一人イスラエル」としてこられたイエス・キリストの姿があります。その意味でサムソンの生涯は旧約の他の誰よりも福音書が伝えるイエスの生涯に最も近づいています。その誕生が天使のお告げによって両親に知らされたことが初めにあります。「ナジル人」が「ナザレ人」と似ているのは単なる語呂合わせではありませんでして、福音書はイエスがナザレ出身であったから「ナザレ人」と呼ばれたと説明していますけれども、人々が呼んだ「ナザレのイエス」とは「ナジル人のイエス」ではなかったかと論じる歴史家もあります。「汚れたナジル人」であるサムソンの立ち居振る舞いとイエスのそれとは似ても似つかぬものと思われるかもしれませんが、イエスもまたサムソンのように軽々と境界線を越えて異邦人と交わることのできるお方でした。さらにイエスもまた女性たちとの交流をもっていて、遊女にも声をかけたお方でしたから、厳格に先祖の教えである律法に従うユダヤ人から見れば、イエスは自由で放埓であり、「大食漢で大酒飲み」との風評が立つくらいであったわけです。立ち位置を変えればイエスもまた「汚れたナジル人」でした。

ペリシテの支配のもとで穏便に済ませたいユダの人々は、争いごとを起こすサムソンを疎ましく思って彼を縄で縛り、敵に売り渡しました。また、心から愛したデリラにも金で売られてしまったわけですが、イエスもまた心から愛した弟子の一人に金で売られてしまい、ユダヤの民から見放されました。サムソンは牢から引き出されて二本の柱に挟まれて見世物となり、神の裁きを思わない人々の笑い者にされました。牢に入れられていたイエスは鞭打たれて、人々から嘲られ、唾気をかけられて十字架の上でさらしものにされました。そして最後にサムソンはイスラエルに対する神の裁きを体現しながら命を捨てて敵を滅ぼしました。それと同様に、イエスもまた御自身は罪のない汚れのない方でありましたけれども、神の民の罪をすべて一人で背負って十字架で命をささげ、イスラエルを苦しめる敵サタンに報復を果たされました。サムソンの遺体は身寄りのものたちが引き取り、父の墓に葬りました。イエスの体もまた弟子たちに引き取られ、新しい墓に葬られました。こうしてサムソンの生涯はイスラエルの歴史を映し出すのと同時に、イエス・キリストの御生涯を予想させるものとなっています。これは偶然ではなく、サムソンとイエスの上に神がどのような計画をもっておられるかを知るための手がかりです。サムソンは汚れたナジル人であって悲劇的な死に見舞われましたけれども、イエス・キリストにあって彼もまた復活する恵みを受けました。イエスの十字架の傍で、「わたしを思い起こしてください」と呼びかけた強盗は、あるいはサムソンの霊によってそう語ったのかもしれません。「あなたは今日、私と共にパラダイスにいる」とイエスは彼に約束されました。

すべての罪は神の御前にあって罰を受けます。神の子どもたちに対しても神は傍観者ではなくて父ですから、罰は試練として与えられます。それが誰にどのように起こるかは私たちの思いを超えて神が御旨のうちに定めておられます。そこで私たちが常に覚えていたいことは、神は私たちに祈ることを求めておられるということです。祈りによって私たちの心が神に向かって開く時に、神は私たちの求めに答えるかたちで、私たちに力を送って救いの御旨を果たしてくれます。

そして、どんな試練の中にあっても神が選んだ者たちは見捨てられないということです。神はイエス・キリストと共に生きる命に私たちを選んでおられました。私たちが主を離れた時にも神は神は私たちを覚えておられます。信仰者に対する不条理な取り扱いについては、神が必ず報いてくださいます。私たちはそこでも神を信頼して、いつでも主が共におられることを力の源として、主イエスの道に止まっていたいと思います。

天の父なる御神、サムソンの生涯をとおして、あなたが主イエスの救いをあらかじめ語っておられたことを見ることができ感謝いたします。各々が自分の欲に従って思いのままに振る舞い、造り主であるあなたを思わないこの時代にあって、教会の信仰もまたあなたの御旨から離れてしまう誘惑に襲われています。どうか、憐れんでくださって、私たちがあなたの御前で真理の道から逸れることがないように聖霊の導きをお与えください。主イエスがご自身の命を捨てて勝ち取ってくださった、悔い改めと復活への道を共に歩ませてください。主イエス・キリストの御名によって祈ります。アーメン。

一八　神のいない聖所

一七章一―一三節

王がいなかった時代

サムソンの活躍を最後に士師たちの働きに関する記述は終わっています。しかし、『士師記』はまだしばらく二一章まで続いていまして、二つのエピソードが語られます。今日の一七章と一八章はその第一のもので、ミカの偶像とダン族の移動に関する話です。そしてその後は一九章から二一章にかけてベニヤミン族成敗の話となります。

この終わりの二つの話は、イスラエルに王制が導入される前の「王がいなかった時代」を特徴づけています。六節に「そのころイスラエルには王がなく、それぞれが自分の目に正しいとすることを行っていた」とあり、これが一八章の始めと『士師記』全体の終わりに当たる二一章二五節でくり返されます。王がいなかった時代、つまり「アナーキー」な時代にイスラエルはこんなであった、と伝えられているわけです。

「それぞれが自分の目に正しいとすることを行っていた」と言われますと、今まさにそのような時代を私たちは生きているわけですけれども、聖書ではこれが実に神に背いた人間の有様をさしています。『申命記』六章一七節以下に、「あなたたちの神、主が命じられた戒めと定めと掟をよく守り、主の目にかなう正しいことを行いなさい。そうすれば、あなたは幸いを得」る、とありますように、神が人に求めておられるのは、それぞれが自分勝手に正しいと判断して行動することではなくて、神の目に適う正しいことです。ですから、同じく『申命記』の一二章八節では、「あなたたちは、我々が今日、ここでそうしているように、それぞれ自分が正しいと見なすことを決して行ってはならない」と警告されます。この観点から、『士師記』の後に続く歴史も綴られていて、特に『列王記』では各王の事績が語られた後で、「主の目にかなわなかった」などの評価が与えられます。

先に学びましたサムソンの物語でも、この点は明言されていませんでしたけれども十分に著されていました。サムソンは掟破りの士師であって、数々のトラブルを惹き起こしたのも彼が自分の目によいと思うがままに振る舞ったからでした。サムソンを最後に士師がいなくなったから、世の中がそうなったというのではなくて、六節にある否定的な評価は、王がいなかった士師時代全般に当てはまります。では、一七章ではそれがどんな風に語られているか、というところです。

ミカの聖所

これはダン族の話ですから同じ部族のサムソンの話からの続きです。一七章ではまだダンの部族は出てきませんでして、エフライム山地に住むミカという人物に焦点が当てられます。この人の名前は一節と四節では本当は「ミカヤ（フ）」と書かれています。「誰が主のようであろうか」という意味の名前です。五節以降はそれが「ミカ」という省略形で語られます。『聖書　新共同訳』では、ややこしいので「ミカ」に統一したようです。預言書の『ミカ書』のミカと同じですが、旧約には同じ名前の人が何人か登場します。彼が住んでいた「エフライムの山地」はおそらくベテルではないか、と言われていますが、この一七章ではできるだけ土地や人物の詳細は記さないように注意が払われていますから特定はできません。エフライムに分け与えられた土地ぐらいに覚えておけばよいということでしょう。

初めの一節から五節で語られているのは、ミカと母親の話です。ある時、ミカはずっと心にしまっていた、とっておきの秘密を母に告白します。

銀千百シェケルが奪われたとき、あなたは呪い、そのことをわたしにも話してくれました。その

銀はわたしが持っています。実はわたしが奪ったのです。（二節）

「銀千百シェケル」の価値については「サムソンとデリラ」の話の中でお話ししました。銀一シェケルは一一・三九グラムですから、千百シェケルですとざっと一二・五キロです。当時にしても莫大な財産であったに違いありません。その財産が昔盗まれたことがあった。それで母が呪いをかけたのを息子も聞いていた。そして、実はその銀は彼が隠し持っていた。「奪われた」「奪った」と書いてありますから、悪いことをしたと謝っているようにも見えますが、もともとはあえてそうは書かずに単に「取った」というさりげない言葉です。息子の関心は母に罪を告白することではなくて、おそらく呪いを解いてもらうことにあります。

「わたしの息子に主の祝福がありますように」というのは、息子よ、よくぞ言ってくれたと、喜んでくれているように見えますけれども、そういうことよりもこれは呪いを解くための文言でしょう。呪いを解くのは祝福だ、と内田樹さんが以前書いていましたけれども、ここからしますと聖書から取られたことだったようですね。そうして息子が呪いの解かれた銀を母に返しますと、今度は母親がこれを聖別して主にささげると言いだして、それで息子のために彫像と鋳像を造るといって、また銀を息子に返します。すると、また今度は息子がではそうしてくださいというように母親に銀を返すのでして、なんだか銀がいったりきたりしているわけですけれども、結局それが二百シェケルの像になります。そうしますと、差し引き九百シェケルの銀はどこへいったのかがわかりませんが、家の財産として残った、ということなんでしょう。主にささげます、と気前よく言っておいて、大半は手元に残ったことになります。

ここで「彫像と鋳像」と書きますと像が二体あるようですが、これは二つの語で一つの事柄を表す表現法ですから、おそらく造るのは銀の鋳物で作られた一体です。主にささげる、と言って鋳物の像を造るわけですから、これは異なる神を拝む偶像礼拝ではなくて、誤った手段を用いて主を礼拝する類の偶像礼拝です。そこで思い起こされるのは、『出エジプト記』三二章に書かれている「金の子牛事件」です。そうしますと、ミカの母親が造らせたのも金の子牛ならぬ銀の子牛であったかもしれません。

ミカが何者であったのか素性がわかりませんが、彼が祭司でもレビ人でもないことは話の筋からわかります。それでも彼は「神殿を持っていた」のですから驚きです。加えて、「エフォドとテラフィムを造った」こと、さらに自分の息子を祭司に任じていたことが、ミカのしたこととして挙げられています。「エフォドとテラフィム」とは未来を予見するための占い道具です。エフォドは後に祭司の胸当てになりましたが、所によってはそれ自体が神聖視されていた様子もあります。テラフィムはどういう形態のものであったかわかりませんが、ヒッタイトの宗教から流入したものかもしれません。『エゼキエル書』二一章二六節に、「バビロンの王は……占いを行

う」とありまして、「彼は矢を振り、テラフィムに問い、肝臓を見る」と三種類の占いの方法が

挙げられています。

「手を満たして祭司にする」という表現は、誰かを聖別して祭司に任職することをさしていま

す。律法によれば祭司に任じられるのはレビ族の者に限りますから、誰もが勝手に祭司になった

り任じたりはできないはずです。こうして、一節から五節にはミカの聖所の実態が描かれるので

して、ミカという人が勝手に自分の神殿を立て、そこに適当な献げ物による彫像と鋳像を安置

し、自分の息子を祭司に仕立てて、エフォドとテラフィムを用いて占いを行わせていた。そうい

う風に、この時代のイスラエルはモーセの律法と関わりなく、それぞれが自分勝手に正しいと思

うことを行っていた。それも、王がまだいないために社会が秩序立っていなかったためだ、とい

うわけです。

レビ人の若者

そのミカの聖所に、レビ人の若者が祭司として雇われる経緯が七節以降に記されます。彼はユ

ダのベツレヘム出身のユダ族の者であったとあるので、どうしてレビ人なのかが問われます。註

解者たちが頭を悩ませていますが、ここで言うレビ人はどうしてもレビ族出身のレビ人とは読め

ませんから、職を求めて旅をしながら祭司を務めた職能集団をさしてそう言っているものと思わ

れます。モーセの律法はそのとおりに適用されていないわけです。そして、たまたま通りかかったこの若者をミカが引き止めて雇い入れます。『申命記』一二章一九節には「あなたは、地上に生きている限り、レビ人を見捨てることがないように注意しなさい」とありますから、この点では一見ミカは正しいことをしているかのようです。若者を招き入れて「父となってください」とはおかしな言い方に聞こえますが、それだけの権威がレビ人には認められていることを表します。あるいはここは、「祭司の父となってください」と読むべきかもしれません。最初の正当な祭司、ということです。ただ、雇用契約は非常に世俗的にも見えます。「年に銀十シェケル、衣服一そろい、および食糧」という報酬でこの若者は職にありつけた、という書き方です。律法には祭司の報酬が細かく規定されていて、民衆のささげものの十分の一は祭司の取り分になります。「銀十シェケル」がどれほど適切な額かは計りかねますが、九百シェケルの銀を手にしたミカとの差が際立つ金額です。

こうしてレビ人の祭司が与えられて、ミカの聖所もいよいよ神殿らしく整えられていったとのことですが、祭司をしていたミカの息子はどうなってしまったのか気がかりではあります。ともかく、ミカはこれに満足して「今や主がわたしを幸せにしてくださることが分かった」と述べています。しかし、これもこの時点では彼の自己満足にすぎないものです。この後、続く一八章でこの若いレビ人はより条件の良いダンの部族の方へ行ってしまいますから、ミカにしては恩を仇で返されることになります。

偽りの宗教性を超えて

ここに描かれたミカの振る舞いは『列王記上』一二章二九節以下にあるヤロブアムの罪を予想させます。それが後々イスラエル王国に不幸をもたらすことになる偶像崇拝の罪でした。そこから遡って士師の時代、まだ王がイスラエルに誕生していなかった頃、人々は思い思いの方法で聖所を保とうとし、空虚な宗教生活を送っていました。ここにある一七章では一切が宗教的な事柄を扱っていますが、すべてはその道具立てと人の思いだけであって、主なる神との直接的な接点は皆無であると気づきます。生ける神との生きた交わりが成り立たないところで、いくら形式を整えてみても人は決して幸せになることはできません。イスラエルにあっては主の御旨である律法を行う真の王の到来が待ち望まれました。預言者ホセアは、その到来を後にこう告げました。

> イスラエルの人々は長い間、王も高官もなく、いけにえも聖なる柱もなく、エフォドもテラフィムもなく過ごす。その後、イスラエルの人々は帰って来て、彼らの神なる主と王ダビデを求め、終わりの日に、主とその恵みに畏れをもって近づく。（『ホセア書』三章四—五節）

士師たちに続く時代に、主に選ばれた王ダビデが登場します。ダビデをとおしてイスラエルは主の交わりに回復され、その子ソロモンによって主に認められた神殿をエルサレムに与えられて、主なる神が共におられることの平和と喜びを味わいます。「今や主がわたしを幸せにしてくださることが分かった」と本当に言えるのはその時です。神の言葉が実現した支配でなくては、人は本当の幸せには出合えません。

御言葉の成就として最後に示される真の王はイエス・キリストだと新約聖書の福音が語っています。私たちはその王がまだ示されなかった頃、それぞれに自分の思いを正当化して、自分なりの幸せを囲うことに精一杯であったかもしれません。しかし、真の王はすでに世に来ておられて、私たちの命の内に神の支配をもたらしてくださいます。神は主イエス・キリストへの信仰によって私たちの命を贖い、聖霊を私たちの内に住まわせてくださいます。真理を失った形ばかりの宗教と人の思い込みが混沌としているこの世界にその希望の光が示されますように、主の憐れみを共に祈りましょう。

真の支配者であられるイエス・キリストの父なる御神、己が腹を神とする私たちの殻を破って、真の王である主イエスを仰いで、あなたの御言葉に幸せを求めることができるように、聖霊をお与えください。どうか憐れんでくださって、この世界を偽りの宗教からあなたの真理へと御導きくださ い。主イエス・キリストの御名によって祈ります。アーメン。

一九　ダン族の移動

一八章一—三一節

アナーキーの時代

『士師記』の終わりは、「イスラエルに王がいなかった」時代の混沌を描き出します。ここに描かれるアナーキーな時代の特徴は、国の最高権力者である王の不在による政治的な混乱ばかりではなく——それについては士師たちの働きをとおして語られてきましたけれども——それに伴う宗教的・倫理的な腐敗です。信仰的な観点から言えば、「王がいない」ということは神がお遣わしになったメシアがいないということです。イスラエルを支配する王は真の神をおいてほかにはいない、ということが、また後ほど預言者たちによって告げられますけれども、イスラエルにはその真の神をさし示す幾つかの手立てが備えられているのが常でした。旧約聖書の記す順序で挙げるならば、神はご自分の選んだ人々に御言葉をもって語りかけてこられましたけれども、モーセの時代に至って神は律法をイスラエルにお与えになり、ご自身の御旨を明かされました。そのモーセの律法が、神と民とを仲介する手段としてまず備えられました。それから、その律法に示されてのことですが、イスラエルには祭司が立てられました。初めの大祭司となったのはモーセの兄弟であるアロンでしたが、祭司とレビ人が聖所で犠牲をささげることによってイスラエルの民の罪が贖われ、神と民との契約関係が保たれました。さらに同時に、モーセとアロンの姉妹であったミリアムがそうですが、イスラエルには預言者がいて、神の言葉を直接民に告げる働きをしました。そして、やがてダビデのような王が現れて、律法に従いながら神の支配をイスラエルの国に実現するようにもなります。イスラエルの支配は、こうして神の言葉である律法のもとで、預言者・祭司・王たちの働きによって平和に保たれますが、「王がいなかった」とされる士師の時代は、このいずれもが不在であったり機能不全を起こしています。一七章から一八章にかけて綴られるこのエピソードでは、祭司と聖所だけが神との関係を結ぶ要になっていますが、その礼拝制度の腐敗が語られていて、この時代の救いのなさが浮き彫りにされています。

ダン族の嗣業

さて、話は一七章から続きますが、ここにダンの部族が登場します。ダンの部族と言えば、最後の士師であったサムソンが属する部族です。『士師記』の記述の特徴は、前のエピソードのある部分を引き継いで次の話に進むという語り方です。先に見た一七章の記述の中にもサムソンの記事を思い起こさせる幾つかの要素があったことにお気づきのことと思います（たとえば、母親の財産であった銀千百シェケルなど）。

一八章では、そのダンの部族が嗣業の土地を探し求めていて、ついにライシュという町を占領して、そこに住み着くようになり、それでダンという町が誕生するまでの経緯が記されます。それに先に一七章で見たミカの聖所の話が絡んできます。ダン族への土地の配分は『ヨシュア記』一九章四〇節以下に記されています。そこでダンの部族は七番目のくじで割り当てを受け、その土地の領域はこれこれであったと具体的な町の名が報告され、その筆頭に「ツォルア、エシュタオル」という今日の箇所にも登場する地名が挙がっています。さらに四七節に、「ダンの人々は領地を奪われた後、北上し、レシェムを攻めてこれを占領し、剣をもって住民を撃ち、そこを手に入れて、そこに住んだ。彼らは、先祖ダンの名に従って、レシェムをダンと呼んだ」とありまして、そこで征服した町が今日の箇所では「ライシュ」として出てきます。また、「ダンの人々は領地を奪われた」というのですが、これについては『士師記』の初めに、一章三四節で「アモリ人はダンの人々を山地に追い込み、平野に下りて来ることを許さなかった」と言われていて、それでもともといたユダ族の領地との境あたりから、ガリラヤ湖を越えてイスラエル最北端の町にまで移動することになったのだろう、ということが伺えます。『ヨシュア記』では「割り当てを受けた」とあり、今日の箇所では「割り当てを受けていなかった」とあるところは上手く整合しないのですけれども、イスラエル史を研究する歴史家たちは『士師記』一八章の記述の方が実情に近いのだろうと言っています。

ライシュへの斥候隊

それでこの箇所は、『ヨシュア記』に続くダンの部族による土地征服を伝える話になります。そこでモーセやヨシュアがそうしたのと同じように、ダンの人々は斥候を出します。十二人でもなく二人でもなく、なぜ五人なのかはわかりませんが、あるいはペリシテの五人の領主と関係があるかもしれません。サムソンの話の続きであるわりにはペリシテ人のことには全くふれられてはいません。ヨシュアの斥候がエリコで遊女ラハブの家に逗留したのにも似て、五人はミカの家で一夜を過ごします。そこで彼らはミカに雇われた若いレビ人の祭司に出会います。三節にある「誰があなたをここに連れて来たのか。あなたはここで何をしているのか。ここでのあなたの務めは何か」という矢継ぎ早の質問攻めは、五人が口々に語ったもののように表現に工夫が凝らされています。「ここ、ここ、ここ」と三回もくり返されている語はいずれも違う語なのですが、そういう面白みは翻訳では伝わってこないのが残念です。祭司が雇われた下りは「これこれしかじか」と省略されまして、五人は彼に旅の成功についての神託を求めます。祭司が答えた「安心して行かれるがよい」という文言は、聖書でよく用いられる言葉で、新約でも主イエスが同じように仰ったことから、今日では教会の「派遣の詞」として採用されています。「主は、あなたたちのたどる旅路を見守っておられる」とあるところは、原文では「あなたたちの道は主の御前にある」となります。だから、安心して行きなさいということですから、「見守っておられる」と訳してもよいのですが、言葉の意味は両義的です。ダン族の移動は主の御前に行われるので、彼らによる土地の征服は神の御旨に適ったものですが、その振る舞いのすべてはまた主のご覧になっていることですから、御旨に適わない行いもまた見られています。

祭司の祝福を得てさらに旅に出た五人は「ライシュ」という町を見つけました。先ほどもふれましたように『ヨシュア記』では「レシェム」と呼ばれている町です。七節は本文にいろいろ問題もあって翻訳するのも難しい箇所で、読み方次第で全体の印象も違ってきます。ライシュの人々は「シドン人のように静かに」とありまして、シドン人が静かな人々なのかと思ってしまいますが、これはそういうことではなくて、フェニキアの習慣に従って、つまりカナンの風習に従ってということです。「静かに」は「穏やかに」と対になって、彼らが戦いも忘れて安心しきって生活していたことを表しています。このところが難しいところと思いますが、『聖書 新共同訳』ではそういう穏やかな人々がダンの部族に襲われることを不当としている、という理解でここを訳しているようです。しかし、ここは『ヨシュア記』と同じようにイスラエルによるカナンの征服を記すところですので、必ずしもライシュの住民に同情的なのではないと思います。「静かに、また、穏やかに安らかな日々を送っている」のは良いことと思われますが、預言者エレミヤは異邦の町に対する裁きを次のように告げています。

立て、攻め上れ。安らかに暮らしている／穏やかな国に向かって、と主は言われる。この国は、城門もかんぬきも備えることなく／ひとり離れて住んでいる。（四九章三一節）

これはバビロンの王ネブカドネツァルに語りかけられた言葉ですので、エゼキエルによれば、これは「悪い計画」（三八章一〇―一一節）なのですけれども、その敵の手をも用いて裁きをなさるのが主の働きであるとは、旧約聖書の記すところです。周囲の事柄には煩わされず平穏な日々に安心しきっているところに主の裁きが訪れる、とは主イエスが語った終末の教えにも通じます。このところを変な風に受け止めて、だから平和ボケしている日本はダメなんだと、日本もまた周辺諸国にならって武装しなければならない、などと聖書の言葉を利用しないようにしたいところです。聖書が語るのは主の裁きに向き合って悔い改めることですから、「安心してはならない」だけ切り取ってはいけません。

「その地には人をさげすんで権力を握る者は全くなく」も平和な社会の描写として翻訳されて

いますけれども、ここも難しいところで、たとえばフランシスコ会の翻訳ではギリシア語の訳を参照しながら「その土地に欠けるものはなく、民は富んでいた」と訳しています。ライシュの住民は平和ボケしていて裕福で自分に満足していた、とも読めるわけです。あるいは岩波の翻訳を見ますと、「その地には王たちの痕跡も支配を相続する者もいなかった」ということで、つまり「王がいなかった」イスラエル同様であって、それゆえに、後に見るように、ライシュの攻撃は容易かった、ということになります。どう理解するにしても、ここはライシュの住民に一方的に肩入れしている記述ではなくして、ダン族によるライシュの征服が神の計画によって実行されたことを伝えながら、この世の平和に襲いかかる悲劇を裁きとして記すものと思われます。「シドン人からも遠く離れ、またどの人間とも交渉がなかった」というのは、周囲からの助けが得られない状況を表します。「どの人間とも」とあるところは、ギリシア語訳では「アラム人とも」となっています。そうしますと、シドンともアラムとも協定が結ばれていない、というライシュの政治的な状況がそこから伺われます。「人間」は「アダム」です。「アダム」と「アラム」は一字違いで、「ダ」と「ラ」は一画違いですから、聖書を書き写す段階でよく間違える文字です。「アダム」がここに出てくるのはいささか唐突な気がしますが、ここに「アラム」と書くと時代が少しずれますので、というのもアラムがこの地方に登場するのは王国時代ですので、それでおかしいと感じた写筆生が「アダム」と書き換えたのかもしれません。そうして周囲の助けが得られない状況もまた、ダンの部族が攻めやすい状況になっています。

そうして偵察が済んで、五人の斥候は地元に戻って、見てきたことを報告します。ここにはかつてのあの、敵を偵察してきて意気消沈したモーセの偵察隊のような姿はありません。九節の文言は、グズグズするなと急き立てるような言葉遣いですが、これは『ヨシュア記』でも土地の割り当てを受けた諸部族にヨシュアが語った言葉に似ています。「あなたたちは、いつまでためらっているのだ。あなたたちの先祖の神、主が既に与えられた土地を取りに行くだけなのだ」（一八章三節）――そう呼びかけられた七つの部族の中にダンの部族も含まれていました。一〇節の後半で「土地は大手を広げて待っている」とありますが、確かに原文のままではそうですが、聖書では「広々としてる」という意味です。こうしてライシュは「この地上のものが何一つ欠けることのない所」ではありますが、天上のものが欠けていることに気づくかどうかが問題です。

ダンの聖所

この報告を聞いて、ダンの氏族六百人が出陣してライシュの征服に向かいました。六百人はダビデが率いた部隊と同じ数です。「マハネ・ダン」との地名は「ダンの宿営」との意味で、ここにだけ出ています。

一一節以下では、その部隊がライシュに向かう途中での出来事が記されます。ダン族の一団は北上しながらエフライム山地を通過し、そこでミカの聖所に立ち寄って、そこに祀ってあった祭義用具一式を力づくで奪っていきました。ミカが大枚はたいて「エフォドとテラフィム、彫像と鋳像」を造ったことは一七章に書かれているとおりです。奪われる時、二四節でミカは「わたしの造った神々」と言っています。そこにミカの信仰がよく現れています。「わたしにはもう何もない」と言っていますように、像を奪われてしまえばお終いになってしまうのが偶像崇拝の虚しさです。そしてミカが雇った祭司もまた、ダンの部族について行ってしまいます。無理矢理連れ出したのではなくて、若い祭司は喜んでダンの祭司になります。一九節にある誘い文句はミカが最初に誘った言葉と同じです。そして「一個人の家の祭司であるより、イスラエルの一部族、氏族の祭司である方がよいのではありませんか」との言葉にほだされてしまいます。「一個の伝道所の牧師であるより、教派を代表する大教会の牧師である方がよいのではありませんか」と置き換えてみれば、このところはよくわかるように思います。神の職務についての受け止め方が非常に世俗的であって、名誉や報酬で人の恩義まで裏切って、誘い文句にほいほいついて行ってしまう軽薄さです。神の支配が人の心から失われた時代の、腐敗した教会の事例としてここは読まれます。

ライシュに対してダン族が行った仕業は、カナン侵入の時にヨシュアが行った聖絶と同等の行為です。二八節にある「どの人間とも交渉がなかった」とあるところは、先にもふれましたとおり「アラム」と置き換えて読むことができます。それで、周囲の助けも得られずに、ライシュはダンによって占領されました。そこで、部族の名にちなんで町の名が「ダン」に変えられた、と言います。「ダン」とは「裁き、ジャッジメント」を意味します。そしてダンの人々は自分の町に、ミカの彫像を据え付けました。こうしてダンはイスラエル最北端にある聖所のある町として、イスラエルの人々に記憶されるようになりますけれども、そこにある聖所に祀られている像は、もともとエフライムに住むミカの造ったものであって、それを強奪して奉った曰くつきのものであることが、ここで暴露されているわけです。そこに仕える祭司について言えば、ここで初めて素性が明かされていますけれども、かの若者は「モーセの孫でゲルショムの子であるヨナタン」というイスラエル第三世代に属するレビ人だと言われています。最初に「ユダの部族出身」とありましたので、ここもまた情報が錯綜していますけれども、そういう一見立派な家系の祭司であっても、ここで伝えられたような信用ならぬ振る舞いからダンの祭司は始まっている、という非難があるわけです。王国時代になりますと、北王国の初代の王に選ばれたヤロブアムが、ベテルと共にこのダンの聖所に金の子牛を設置するようになりまして、預言者たちの批判した偶像崇拝の拠点になります。「その地の民が捕囚とされる日まで」とありますように、ガリラヤ方面の町々は、紀元前八世紀前半にアッシリアの王ティグラト・ピレセル三世によって捕囚の憂き目に遭います。それまで、ミカの彫像はイスラエルの偶像崇拝と堕落を象徴するものとなりました。

終わりに記された「神殿がシロにあった間」との記述は、「捕囚」とは必ずしも合いませんので、また歴史の問題を惹き起こします。文脈を最大限生かしますと、ダンの聖所はアッシリア捕囚まで続いたのだけれども、ミカの彫像はシロの神殿が破壊されるまでダンにとどまっていた、ということでしょう。シロの神殿が破壊されたのは、『サムエル記上』によればペリシテ人の手によってです。シロの聖所が失われて、ミカの彫像も失われ、ダンの祭司が捕囚となった後で、イスラエルはようやく偶像崇拝から浄められた、とのことが暗示されているものと思われます。

私たちの嗣業

神はダンの部族にも嗣業の土地をくださいました。けれども、その恵みは生かされずに、ダンの部族は偶像崇拝に深く侵食されていました。この世の富と名誉に捕らわれて金や銀で造り上げた、人間が造った聖所には真の神はお住まいになりません。ここに描かれたのは「王がいなかった時代」の混乱です。真の王である神の支配が示されないこの世界では、ここに描かれたのと同じような混乱が常に起こります。宗教から真理と信仰が失われ、己が欲の象徴を偶像視して人々は滅びを招きます。そうした世にある教会は、イエス・キリストを通して神を知り、復活のキリストを王としていただいて、その憐れみによる支配に与ります。その恵みによる支配こそが、信仰をとおして教会が受け継ぐ嗣業、新たな土地です。私たちの教会で礼拝されるお方は生ける神ですから、人に奪われることも、朽ちてしまうこともありません。私たちがどこにいようとも、私たちの神であられて、私たちの旅路を見守ってくださいます。

天の父なる御神、あなたを失っているがために混乱しているこの世界を、どうか、福音の光で照らしてくださり、真の信仰への道を御示しください。その道しるべとして召されているあなたの御言葉と教会が、霊と真理による礼拝をとおして、救いの道をはっきりと示すことができますように、私たちを清めて肉の思いから解き放ってください。主イエス・キリストの御名によって祈ります。アーメン。

二〇　闇の支配

一九章一―三〇節

歓待するベツレヘム

『士師記』の終わりにある第二のエピソードは、この一九章から二一章にかけて記された一連の物語です。一九章ではベニヤミン族の犯した強姦殺人の犯罪が取り上げられ、二〇章ではその罪に対する制裁が行われる経緯が記され、最後の二一章ではそのイスラエルの内戦がもたらした結果が報告されます。「イスラエルに王がいなかったそのころ」の混乱ぶりが伝えられる中で、先には一七章からの第一のエピソードをとおして、ミカの聖所とダン族の宗教的な堕落が語られましたけれども、この終わりのエピソードではイスラエルの道徳的な堕落が極みに達したことが伝えられます。

エフライムの山地を拠点にしてレビ人が旅をする、という話ですから、前の「ミカの聖所」の話を引き継ぐもののようですが、この第二のエピソードの特徴は、地名以外に固有名詞がまったく出てこないことで、この一九章でも主要な登場人物たちの名前はすべて匿名になっています。それだけに地名が重要にもなりますが、一八節をみますと、主人公のレビ人が「主の神殿に帰る途中」だと言いますが、エフライム山地にある神殿といえば、この時はシロの聖所になります。ですから、このレビ人はシロの聖所で奉仕する祭司である、ということになるかもしれません。そして彼は今回の事件の目撃者となって、一切の出来事を証言する役割を果たします。

さてこのレビ人には、ユダのベツレヘム出身の側女がいました。三節以降で「娘の父」という言葉遣いが見られますが、この「娘」とは「少女」という語ですから、ずいぶん若い女性だったろうと思われます。祭司の結婚については『レビ記』二一章に規定がありますが、年齢については特に指示されてはおらず、まだ十代の若い少女を身請けするような形で娶ることもあったと言われます。側女についての規定は律法にありませんが、アブラハムを初めとするイスラエルの族長たちや、王国時代の王たちには多くの側女がありました。ここでのレビ人はアブラハムなどの族長のイメージで描かれています。ロバと少年を連れて旅に出るあたりは、ちょうど『創世記』二二章にあるイサク奉献の話に重なる場面です。

その若い側女が「裏切った」ことがそもそもの始まりです。幾つかの解釈がありますが、たとえば『口語訳聖書』では「怒って」出ていったとしていますし、『新改訳』では「嫌って」としています。『聖書 新共同訳』が「裏切った」と訳しているのは、これが「姦淫、売春」を表す言葉だからです。『レビ記』二一章一三節には、祭司は「処女をめとらねばならない」とされていますから、その若い側女が結婚してみたらそうでなかったのか、それとも、結婚してから男に走ったのかわかりませんけれども、『申命記』二二章の掟に従えば、もし妻が嘘をついていたということになれば、彼女は父の家から引きずり出されて石打にされます。しかし、レビ人は彼女を責める様子もなく、「心に話しかけて」つまり優しく懐柔して家に連れ戻すために、ユダのベツレヘムにやってきます。

娘の父親は娘を迎えにきたレビ人を歓待して三日間に亘る祝宴が行われます。娘の父親はかなり強引に四日目も五日目も婿を引きとめようとしますが、これは客人をもてなそうとする親切な思いの表れなのだと思われます。ミカの聖所で若いレビ人が雇われました時に、喜んだミカが、レビ人が来たために主が自分を幸せにしてくださる、と言いましたが(一七章一三節)、それと同じことがこの父親にも当てはまります。この父親によるもてなし方は、『創世記』一八章でアブラハムが、一九章ではロトが御使いたちをもてなしたしかたを踏襲しています。

虐待するギブア

その親切を断って無理に出発したのがいけなかったのかどうかわかりませんけれども、朝早くに出発するならば問題がないところを、夕方に出たためにその日の内に帰宅することができなくなりました。一一節からの後半部では、レビ人とその一行がベニヤミン領のギブアに滞在する経緯が記されます。夜になってエブスに泊まるか、ラマに泊まるか、ギブアにするか、という選択の中からギブアが選ばれます。エブスはダビデによって占領されるまで異邦人の町でした。レビ人であれば避けて通るのが当然かもしれません。ラマはギブアよりも五キロほど遠くにありますから、ギブアに泊まることにしたのは妥当な判断であったと思います。しかし、町に入って気がつくことは、ここは居心地の良かったユダのベツレヘムとは正反対のよそよそしさであったことです。おそらくすぐにも宿が見つかるはずと考えて夕方に出立したのでしょう。ところが、町の入り口にある広場についていても誰も声をかけてはくれません。連れの少年や女性がいるにもかかわらずです。そこへ畑から帰ってきた老人が通りかかって、家へ招き入れてくれます。話を聞けば、この人もエフライム人で、この町では寄留者でした。「広場で夜を過ごしてはいけません」との忠告は、地元のベニヤミン人が何をするかわからない、という含みがあるようです。老人はロバに餌を与え、客人の足を洗って、丁寧に歓待します。そこへ、「町のならず者」が押し寄せてきました。家は囲まれて扉は破られそうな気配です。彼らの要求は客人であるレビ人を差し出すことでした。

ここまでくるともはや状況は明らかです。これは『創世記』一九章に記されたソドムの町で起きた出来事の再現です。ソドムの町にはアブラハムの甥に当たるロトの家族が住んでいましたけれども、神の御使いがそこを訪れた時、町の住民はロトの家を囲んで同じ要求をしました。「その男を知りたい」とは性的な行為を意味しています。家の主人としては招き入れた客人を何としてでも守らねばなりません。ギブアのならず者たちの要求は、同胞に対する「非道なふるまい」であることは明らかです。そこで家の主人は二人の女性を犠牲に差し出そうとします。これもロトの二人の娘たちが置かれた立場と共通します。しかし、そこでレビ人が自分の側女をつかんで外に放り出したことで、ならず者たちは矛先を変え、その側女を一晩中慰み者にして朝までいたぶりました。主人が朝外に出てみると、彼女は手を敷居にかけて倒れており、家に帰り着く寸前に息絶えたことがわかりました。

ソドムに堕ちる

ベニヤミン族に分け与えられた領地の一つ、ギブアで起こったこの一夜の惨劇は、堕落したイスラエルの深刻さを物語っています。遠い祖先の時代に、性と暴力の深みに落ちたソドムの町はゴモラとともに天から降り注ぐ硫黄と火で滅ぼされましたけれども、それと同等の堕落した様子を今、神の民に属する一つの町が見せるまでになっています。「イスラエルの人々がエジプトの地から上って来た日から今日に至るまで、このようなことは決して起こらず、目にしたこともなかった」（三〇節）。送り届けられた体の一部を見て、イスラエル全土の兄弟たちは恐れ慄きます。『サムエル記上』一一章七節にはサウルが怒りに燃えて牛を切り裂いてイスラエル全土に送った、との記述があります。これは古代メソポタミアで行われた軍隊の召集のしかたの一つですが、その意味は「出陣しない者があれば、その者の牛はこのようにされる」とのことだと『サムエル記』は伝えています。レビ人の態度も行為も不可解なままです。二五節で側女をつかんで放り出す行為も、二九節で側女の死体を十二個に切り刻む行為も全く無言で行われます。側女をならず者たちのただ中に放り出したのは、かつての裏切りに対する報復だったのでしょうか。二九節でレビ人が用いた「刃物」とは、アブラハムがイサクを屠ろうとした刃物と同じで、祭壇で動物を犠牲にするときに用いられた大型の包丁です。ソドムの出来事では、ロトの家の客人となった御使いたちが取り囲む者たちに目潰しを食らわせて家の中の者たちを逃しました。その後で大災害によって神の裁きが町を滅しました。今回の出来事では、レビ人がその御使いの役割を負っているのかもしれません。牛ではなく人間の体を切り刻むのは常軌を逸しています。レビ人もまた理性を失っているのかもしれません。その理性を失った世界で一人の少女が犠牲になり、イスラエルが落ち込んだ闇の世界にソドムとゴモラと同じ運命が予想されます。

起こったことに目を留める

「このことを心に留め、よく考えて語れ」とイスラエルの人々は言い合ったと最後にあります。「このこと」は「彼女を」と読んだ方がよいのではないかと思います。原文では、「彼女のことをあなたがたが心に置いて、話し合え、語れ」となります。イスラエルの内部で生じた暴力の犠牲者を、うやむやにして無かったことのようにしてはならない、ということです。そしてこの事件を放置してはおけなかったイスラエルの民は、この後で事件の調査に乗り出し、頑なに協力を拒否するベニヤミン族に対して制裁を下す決定をすることになります。

人間の暴力の犠牲となるのは、まず力のない女性や子どもや老人です。目を覆いたくなるような悲惨な事件が私たちの生きるこの世界では次々に起こります。それがメディアをとおして映像で私たちの見えるところにも届きます。まさにそれは、切り刻まれた体の部位を送り届けられたような衝撃で、私たちに現実の悲惨を突きつけてきます。ガザの空爆で殺された子どもたちの姿や、テロリストに処刑される人質の映像など。私たちもまた、ギブアに現れた闇の世界を現代で垣間見ています。そのところで、イスラエルは「心に留め、考えて、語れ」と呼び合いました。もしかすると、若い側女は夫を裏切ったことの罰を受けて悲惨な生涯の終わりを迎えたのかもしれません。けれども、やはりそんなことがあってはならない。彼女を殺したならず者たちの罪は神の御前に見過ごしにされるはずはありません。預言者ホセアはギブアの罪を覚えながらイスラエルを告発して次のように語っています。

イスラエルよ、ギブアの日々以来／お前は罪を犯し続けている。罪にとどまり、背く者らにギブアで戦いが襲いかからないだろうか。（一〇章九節）

ギブアの日々のように、彼らの堕落は根深く／主は彼らの不義に心を留め／その罪を裁かれる。（九章九節）

聖書は人間の悲惨を隠しません。自分たちが犯した罪も、自分たちが被った罪の悲惨も、神の見ておられるこの世界のありのままを私たちに語ります。それは、神の裁きに服したこの世界が神に立ち帰って生きるためにほかなりません。「彼女のことを心に留めよ」とイスラエルは語り合いました。暴力の犠牲者のことをなかったことにして、忘れてしまってはならない。その罪と悲惨を正面から見つめて、何をせねばならないかを問い、語らねばならない。「良いことを見なさい」とパウロが言っているので、キリスト者はあまり社会問題に首を突っ込まないほうがい い、というようなことをアメリカの宣教師が説教していたことがあります。しかしそれが、罪の現実から遠ざける手立てになってしまって、教会が気持ちのよい雰囲気作りに専念してしまわないように気をつけねばならないのだと思います。個人の信仰についても、罪の悔い改めが赦しに結びつき、死の悲惨が復活によって乗り越えられてゆくように、教会と社会に対する私たちの眼差しも、罪の現実から反らしてはならないものであるはずです。「彼女のことを心に留め、よく考えて語れ」。私たちは暴力の犠牲者たちから決して目を離すことができません。なぜなら、「良いことだけをみる」どころか、キリスト教会にはイエスの十字架が立ち続けているからです。イエスの十字架は神の救いのご計画であり、主イエスがご自分をささげられた祭壇です。しかし、それは同時に、罪なき人を人間が暴力でなぶり殺しにした記念でもあり続けます。「そこのことを心に留め、よく考えて語れ」。自分たちの犯した罪とどのように向き合うかが国家的にも問われている今日にあって、ドイツのような他国のキリスト者たちがとる姿勢からも学んで、私たちも自ら考え、語るものでありたいと願います。

天の父なる御神、あなたのお選びになったイスラエルの民は、真の王であられるあなたを見失って、ソドムとゴモラに比べられるほどに暗い闇の中を歩みましたけれども、あなたは彼らを決してお見捨てにならず、憐れみを注ぎ続けて主イエスによる救いにまで保たれました。人間の罪に正面から向き合うことは勇気のいることですけれども、暴力の犠牲になる弱い者たちと共におられる十字架の主イエスをいつも思い起こして、悔い改めの道を歩ませてくださいますように、私たち一人ひとりの内に、また、この日本の国民全体にも働きかけてくだささい。主イエス・キリストの御名によって祈ります。アーメン。

二一　兄弟たちの戦争

二〇章一－四八節

ミツパへの集結

神に仕えるレビ人の妻が、ベニヤミンの町ギブアで嬲りものにされ殺害されるというイスラエルの内部で起こった陰惨な事件は、「イスラエルに王がいなかった」時代の道徳的腐敗による共同体の危機を露わにしました。これに対してイスラエルは、被害者であるレビ人の訴えに応じてミツパという町に集結しました。一節にある「ダンからベエル・シェバまで」との言い方は、「北から南まで」の全地方を表します。「ギレアドの地まで」と加えられているのは、東の境をヨルダン川の向こう側まで広げた時の表し方です。『ヨシュア記』にありましたように、そちら側にはルベン・ガド・マナセの半部族が領地を獲得していました。「ミツパ」という町はこの後『サムエル記』で登場する預言者サムエルがイスラエルを治める時の拠点となります。そこに全イスラエルが集結してベニヤミン族に属するキシュの子サウルを王に擁立することになります。まだサムエルのような指導者はいないのですけれども、その時を暗示するようなしかたで、イスラエル全部族が主の御前に集まり、兄弟ベニヤミンに対する制裁を加えようと相談したのでした。

こうして始まる二〇章の記述は実に複雑です。あまりに几帳面に読みすぎますと筋が辿れなくなる恐れがあります。たとえば、二節に「四十万の歩兵」とありますが、どう考えてもここで描かれる戦争にしては規模が大きすぎます。「ユダが上れ」との託宣を受けて戦いに出るのですけれども、ユダ族だけが戦った様子は少しも書かれていません。また、「ミツパで主の前に集まった」と言われますけれども、すぐにも戦いの拠点がベテルに移ります。神の託宣を伺うために上った、ということのようですが、ミツパでも「主の前に」集まっていますから、そこでも託宣は問えたのではないかとも思えます。ただ、ミツパは本当のところベニヤミンの町ですので、戦いの前にどうしてそこを占拠できたかは問題です。他にもあるのですが、それはおいおいふれることにして、この二〇章は幾つかの伝承が入り乱れた結果、こういう複雑さを見せているようです。ですから、辻褄の合わないような記述にぶつかっても、それはもともとわからない可能性があると諦めてください。たとえば、四十万人以上も集まっておきながら、それから「何が起こったんだ」はないでしょう、とある註解者が書いていますが、ここは事柄を時間的な順序に従って正確に整理しながら書かれてはいないとするほかはありません。先の章でもふれたように思いますが、これを書き記すのはおそらく祭司の立場に近い誰かで、二〇章の初めに描かれているミツパでの結集の場面は、イスラエルの全部族が「一団となって一人の人のようになり」、そのように結束して神の民となって、主の御前に進み出ている情景です。ここにサムエルもしくはサウルが立っていればいっそうふさわしい場面になるはずですが、そういう指導者を欠いていながら、しかし、そこで同胞の犯罪が告訴され、ベニヤミンに対する制裁が決議されるのがこの場面の特徴です。

しかし、事柄の順序からしますと、まず被害者の証言を聴いて調査し、それに基づいて犯人の引き渡しを求め、それが拒否された段階にになってベニヤミン族全体に対する制裁が決定されるのが筋でしょう。話の筋を追うために、実際にはそうした順序で事が進んだと理解しておいてよいと思います。

制裁の意味

ギブアでの忌まわしい犯行は、イスラエルの掟に従えば明らかに死罪に値します。それは町を滅ぼされたソドムの罪に匹敵するとは前の章で見たところです。ところが、ギブアの町はならず者たちを匿い、さらにベニヤミン族全体がイスラエルへの回答を拒否したことから、話は部族間の問題に拡大します。私たちの感覚でいえば国際問題です。どこか外国で日本人が殺された。それに対して当該国は犯人を匿い、日本国からの引き渡しも拒否したとなれば深刻な国際問題になります。それと同様に、ベニヤミン族が全イスラエルの求めを突っぱねてギブアに軍を集め始めた。こうなりますと、国連軍の出動ということにならざるをえません。というのも、一つには一三節に「イスラエルの中から悪を取り除く」とありますが、これは『申命記』でくり返されている文言で、たとえば一七章八節以下にはこうあります。

あなたの町で、流血、もめ事、傷害などの訴えを裁くのが極めて難しいならば、直ちにあなたの神、主が選ばれる場所に上り、レビ人である祭司およびその時、任に就いている裁判人のもとに行って尋ねなさい。彼らが判決を告げるであろう。あなたは、彼らが主の選ばれる場所から告げる判決に従い、彼らの指示するとおりに忠実に実行しなければならない。あなたは彼らの示す指示と下す判決に従い、彼らが告げる言葉に背いて、右にも左にもそれてはならない。あなたの神、主に仕えてそこに立つ祭司あるいは裁判人を無視して、勝手にふるまう者があれば、その者を死刑に処し、イスラエルの中から悪を取り除かねばならない。（八―一二節）

また、今日の箇所は『ヨシュア記』七章と八章とを照らし合わせて読むべきところですが、その七章には「アカンの罪」の事件が記されています。七章一節に「アカンは、滅ぼし尽くしてささげるべきものの一部を盗み取った。主はそこで、イスラエルの人々に対して激しく憤られた」とありまして、違反を犯したのはアカンという人物なのですけれども、神の怒りはイスラエル全体に及んで、その後、アイの攻略に際してイスラエルは手痛い敗戦を喫することになります。そうした事例からも、ギブアの罪を放置することは、イスラエル自身に神の裁きを招く事態になりかねない。実際、ここで起こる兄弟間の戦争にはそういう側面があるわけです。

イスラエルの二度の敗北

そうしてイスラエルの対ベニヤミン戦争が始まりました。一五節と一六節にベニヤミン軍の兵力について紹介がされています。それによりますとベニヤミンの兵士は二万六千人で四十万人のイスラエル軍に比べると圧倒的に少数ですけれども、七百人の精鋭部隊があって「皆が左利きで、髪の毛一筋をねらって石を投げても、その的をはずすことがなかった」と言われる異能部隊です。これは『歴代誌上』一二章二節にも似たような記載がありまして、そちらの説明ですと、ベニヤミン族の兵士は「彼らは弓の名手で、右手でも左手でも石を投げ、矢を射ることができた」と言われます。『士師記』でも三章に「左利きのエフド」が登場しましたが、エフドもまたベニヤミン族の士師でした。

こういうベニヤミン軍に対して数では圧倒的に優るイスラエル軍は、まずベテルの聖所に参拝して神の託宣を伺いました。一八節の問答では、いったいどのように神に問い、答えをいただいたかが不明ですが、その問い方と答えからして、祭司がくじを引いたものと思われます。また、ここから『士師記』の記事が一周りして初めに戻っていることにも気づかされます。『士師記』の初めは次のように始まりました。

ヨシュアの死後、イスラエルの人々は主に問うて言った。「わたしたちのうち、誰が最初に上って行って、カナン人を攻撃すべきでしょうか。」主は、「ユダが上れ。見よ、わたしはその地をユダの手に渡す」と言われた。（一―二節）

ユダが先頭に立つ、という点では『士師記』は一貫していまして、歴史の流れはダビデの王国をめざしているわけです。その傍らでサウル王の出身であるベニヤミンが全イスラエルから制裁を受けようとしているのがこの文脈です。そこで、「ユダが最初だ」との託宣をもらって戦いに出るのですが、その初日は惨敗して二万二千人をイスラエルは失います。二日目も実にそのようでして、主から「攻め上れ」と言われて出陣するのですが、やはりベニヤミンに打ち倒されて二日間で四万人の死者を出します。神が行けと命令して出たのにもかかわらず戦いに負けてしまうのは何か不可解な気もします。しかし、戦いに負けて「泣く」のは神の裁きを受けた民の姿勢ですから、ここはこの兄弟間の戦争そのものがイスラエルに降りかかった裁きと捉えられているものと思われます。あるいはそこに、兄弟に対する同情も働いて、義を貫いて戦うことができないイスラエルの信仰的な弱さも現れているのかもしれません。『ヨシュア記』の戦いに示されたとおり、神の裁きが実現するときには人間の情が挟み込まれる余地はありません。二六節に描かれた振る舞いは、イスラエルの悔い改めを表します。座り込んで泣きわめき、断食して、規定の献げ物を主にささげます。そうしますと、今度は、「明日、彼らをあなたの手に渡す」との約束が与えられます。

このところに挿入された「当時、神の契約の箱はそこにあり、また当時、アロンの孫でエルアザルの子であるピネハスが御前に仕えていた」との説明は、ここの話には何の影響も与えていません。ピネハスは出エジプト後第三世代のイスラエルですから、その時代のイスラエルもそうだとの意図があるものと思われます。そうして祭司の系譜とイスラエルの歴史の同期を試みている挿入でしょう。契約の箱は『サムエル記』ではシロの聖所にあることになっていますから、ここでは祭司ピネハスの管理のもとにベテルの聖所に保管されていたと註釈がなされます。

ベニヤミンの聖絶

二九節以下では、三日目に果たされたイスラエルの勝利が描かれます。ここでイスラエルはようやく戦略を用います。たびたび、用いられる常套手段ではありますが、敵を町からおびき出して、その隙をついて伏兵が後方の町を焼き払うという方法です。このモデルとなるのは先ほどふれました『ヨシュア記』八章にある「アイの攻略」です。ベニヤミンはイスラエルに幾らかの損害を与えたことで慢心しまして、まんまとイスラエルの仕掛けた罠にはまります。ギブアはイスラエルの伏兵によって火を放たれ、それを合図に引き返したイスラエルの部隊がベニヤミンを挟み撃ちにして勝敗に決着を付けました。「ベニヤミンの人々は自分たちに不幸な結末が訪れるとは思ってもみなかった」（三四節）とあります。この「不幸な結末」とあるのは「災いの到来」ということです。神の裁きを思ってもみなかった、というところに終わりは突然訪れる、とは、聖書が一貫して告げている終末の裁きです。「主の日は盗人のようにやって来ます」（『ペトロの手紙二』三章一〇節）とあるとおりです。

三五節によればベニヤミンの犠牲者は二万五千百人に上ります。先に見ましたように一五、一六節によればベニヤミン軍は二万六千七百人ですから、差し引きすれば千六百人が生き残っているはずですが、四七節によりますと生き残ったのは荒れ野に逃れた六百人だけです。というところで数が千人ばかり合わないのですが、これは初めに申しましたとおり、本文が複雑に入り組んでいるためだと思われますから、「消えた千人」に特別な意味はありません。

そして四八節の記述から、イスラエルのベニヤミン族への制裁が、「聖絶」に近いものであったことが伺われます。ヨシュアがアイを聖絶したように、イスラエルはベニヤミンを滅ぼし尽くす直前にまで至りました。このことは、ベニヤミンが滅ぼされるべきカナンの異教徒たちと同様にまで堕落してしまったことを表します。

イスラエルの罪を取り除く

リモンの岩場に逃げた六百人を追わずに生かしておいたことが神の御旨に従ってのことかどうか、何もヒントはありません。ただ、「王がいなかった」この時代、「それぞれ自分の目に正しいとすることを行っていた」（二一章二五節）中での出来事です。こうして、旧約のイスラエルは第三世代以降、兄弟同士が国を挙げて争い合う戦争の時代に突入していきます。神の民の中から悪を取り除くために、力によって制裁を加えるというあり方が、その歴史の中で問われます。そこでは暴力が暴力を生み、やがては兄弟同士がお互いを滅ぼし合う戦争に巻き込まれて、どちらも生き残る道を塞がれてしまいます。そういう中で生まれた人の心は、人間には罪を取り除くことはできないとの深い罪の自覚と、神ご自身に裁きを委ねる打ち砕かれた心でした。そこに神は、神ご自身による罪のきよめの道をお示しになるのでして、それが御子キリストの到来でありました。「見よ、世の罪を取り除く神の小羊」（『ヨハネによる福音書』一章二九節）と洗礼者ヨハネが指差した先に、暗い泥沼のようなしがらみから人間が抜け出す道が用意されたわけです。その光の差し込む方に向かって、今最も暗い闇の時代をイスラエルの兄弟たちは『士師記』の終わりに歩んでいます。

天の父なる御神、あなたが一つにしてくださったイスラエルの民が、罪の深みに落ち込んで、一つではおれなくなった時に、あなたは不確かなしかたでしか、ご自身のみ旨をお示しになりませんでしたけれども、あなたの御旨には人には知られないご計画があって、それでもイスラエルを主イエスの時に向けて守られました。今、福音をとおして、あなたの恵みによる救いを知るようになりました私たちは、主にあって一つとされて、ここに集っています。相変わらず争いのなくならないこの世ですけれども、あなたが主の十字架によって私たちの災いを遠ざけてくださることを信じさせてくださり、隣人の痛みに感じてあなたからの解決を待ち望むことができるようにしてください。主イエス・キリストの御名によって祈ります。アーメン。

二二　兄弟たちの和解

二一章一―二五節

二つの誓い

『士師記』最後の章は、失われかけたベニヤミン族を再興する話です。一九章からここまでの記述は錯綜していて筋を辿るのも困難である、ということは既にお話ししたところですが、この二一章も幾つかの話が入り組んでいますので、少し整理して筋道を辿りたいと思います。これまでの話を振り返っておきますと、あるレビ人が旅をしている途中、ベニヤミンのギブアで町のならず者たちに襲われる事件が起こりました。そこで連れであった若い妻が犠牲になり、レビ人はイスラエル全体に裁きを要請しました。事件を知った各部族は団結してベニヤミン成敗に出まして、三度に亘る戦闘の結果、ベニヤミン族に対する聖絶――滅ぼし尽くして神に捧げる行為――を果たすことになりました。ただ、リモンの岩場に逃れた六百人が生き残って、イスラエルの人々から離れて身を隠していました。

　そこで今日の二一章に入りますが、ここで二つの誓いが話題になります。一節にあるのは「自分の娘をベニヤミンに嫁として与えない」との誓いです。これは七節と一八節にくり返されていまして、一八節では「ベニヤミンに嫁を与える者は呪われる」と呪いまでかけられています。では、なぜ嫁であって婿ではないのかといいますと、六百人の生き残りに婿はいらないわけです。ベニヤミンの女性は子どもも含めて滅ぼされてしまいましたから、男だけしかいません。ではまた、なぜ嫁を与えないのか、ということでは、理由は直接書いてありませんけれども、『申命記』七章に次のようなモーセの命令があります。

　あなたが行って所有する土地に、あなたの神、主があなたを導き入れ、多くの民、すなわちあなたにまさる数と力を持つ七つの民、ヘト人、ギルガシ人、アモリ人、カナン人、ペリジ人、ヒビ人、エブス人をあなたの前から追い払い、あなたの意のままにあしらわさせ、あなたが彼らを撃つときは、彼らを必ず滅ぼし尽くさねばならない。彼らと協定を結んではならず、彼らを憐れんではならない。彼らと縁組みをし、あなたの娘をその息子に嫁がせたり、娘をあなたの息子の嫁に迎えたりしてはならない。（一―三節）

これは「滅ぼし尽くさねばならない」と、カナンに住む七つの民に対する聖絶が命じられているところで、そこに「彼らと縁組をしてはならない」とあります。このモーセの掟に従って、イスラエルはベニヤミンと縁組はしないと誓ったのでしょう。ということは、やはり、ベニヤミンはその犯した罪の大きさのゆえに、もはやカナンの民と同等にみなされているわけです。主に対する誓いは必ず果たさなければならない、とも律法には書かれています。ですから、生き残ったベニヤミンはそのまま朽ちていくか、他民族と入り混じってもはやイスラエルの一部族ではなくなってしまう他、道はないことになります。

そこでイスラエルの民はベテルで礼拝をささげながら、この顚末を嘆いています。「なぜこんなことになったのか」と言うのですけれども、それは『士師記』の初めにすでに記されていたとおりです。

その世代が皆絶えて先祖のもとに集められると、その後に、主を知らず、主がイスラエルに行われた御業も知らない別の世代が興った。イスラエルの人々は主の目に悪とされることを行い、バアルに仕えるものとなった。彼らは自分たちをエジプトの地から導き出した先祖の神、主を捨て、他の神々、周囲の国の神々に従い、これにひれ伏して、主を怒らせた。(二章一〇―一二節)。
主はイスラエルに対して怒りに燃え、こう言われた。「この民はわたしが先祖に命じたわたしの契約を破り、わたしの声に耳を傾けなかったので、ヨシュアが死んだときに残した諸国の民を、わたしはもうこれ以上一人も追い払わないことにする。彼らによってイスラエルを試し、先祖が歩み続けたように主の道を歩み続けるかどうか見るためである。」（二章二〇―二二節）

しかし、イスラエルの人々はカナン人、ヘト人、アモリ人、ペリジ人、ヒビ人、エブス人の中に住んで、彼らの娘を妻に迎え、自分たちの娘を彼らの息子に嫁がせ、彼らの神々に仕えた。（三章五―六節）

イスラエルの第三世代がこうして神の律法に背いた結果が、ベニヤミンを失いかけるところにまで至っています。

ヤベシュ・ギレアドの聖絶

五節によりますと、もう一つの誓いが主の御前になされていたとのことです。二〇章ではそうした誓いのことは一切ふれられてはいませんでしたが、ベニヤミン征伐のための集会に参加しなかったものは「必ず死なねばならない」というものです。「必ず死なねばならない」との誓いの文言は、モーセの律法に記されている死に価する罪に対する裁定と同じ独特の言い方です。ヨシュアが民を率いてヨルダン川を渡る際に、すでに東岸に土地を与えられていたルベン・ガド・

マナセの半部族もまたイスラエルに属する一つの民として共に戦わなければならなかったのと同様に、イスラエル十二部族の一致がここでも強く求められています。

そこで調査をすると「ギレアドのヤベシュ」が召集に答えなかったことが明らかになりました。「ギレアド」とはヨルダン東岸の北部に当たる地域で、ガドとマナセの一部がそこに住んでいました。そこのヤベシュの住民が戦闘に参加しなかったことが判明して、イスラエルは誓いを果たすためにヤベシュ・ギレアドの聖絶に向かいます。一〇節後半から一一節で命じられている「滅ぼし尽くさなければならない」とは「聖絶」を表す言葉です。

先に見ましたように、一九章の背景には『創世記』一九章の「ソドムとゴモラ」の出来事があり、二〇章には『ヨシュア記』八章にある「アイの攻略」がありました。本章は『民数記』三一章にある「ミディアン人への報復」との密接な関係が文章から伺われます。イスラエルはモーセに命じられて、「イスラエルの全部族から、部族ごと千人ずつ、総計一万二千人を選び出して戦いに送り出し」ました（四―五節）。ヤベシュ・ギレアドへの対処のしかたもこれと同じです。また、モーセは先の箇所でこうも言っています。

直ちに、子供たちのうち、男の子は皆、殺せ。男と寝て男を知っている女も皆、殺せ。女のうち、まだ男と寝ず、男を知らない娘は、あなたたちのために生かしておくがよい。（一七―一八節）

聖書の中でここにしか出てこない独特の表現が、『士師記』の今日の箇所の一一節と一二節にくり返されます。イスラエルの誓いを破ったヤベシュ・ギレアドは、ここでミディアンと同等と見られてイスラエルの間から消え去ります。

ベニヤミン族の再興

こうして一つの誓いを果たすことが、もう一つの誓いを守りとおすためのきっかけになります。イスラエルはギレアドのヤベシュから未婚の女性四百人を捕虜にして、未来のないベニヤミンに与えることにしました。なぜなら、ベニヤミンの罪は赦しがたいものであったとしても、イスラエルから一つの部族が失われることは忍びなかったからです。一五節に「民はベニヤミンのことを悔やんだ」とあります。「悔やんだ」とも訳せますが、憐れんで残念に思ったことを表します。そこでイスラエルの全共同体は、リモンの岩場に隠れているベニヤミンの生き残りに和解を呼びかけました。「和解」でもよいのですが、『申命記』二〇章一〇節にある掟と同じ言葉遣いですから、「降伏を勧めた」とも読めます。それでベニヤミンはイスラエルのもとに帰って来ました。捕虜となった女性たちを妻にするために受け取りました。

しかしまだ、二百人たりません。そこで今度は、別の策を講じます。「略奪婚」です。ベテルの近くにシロの町があります。そこで毎年「主の祭り」が行れていることは、続く『サムエル記』冒頭にあるエルカナの家族の話につながります。「主の祭り」とは過越祭をさす場合が多いようですが、ここでは地域的な収穫祭であったのではないかと思われます。ベニヤミンの嫁取りについての計画は次のとおりです。誓いを守るためには、イスラエルは娘を嫁にやるわけにはいきません。けれども、奪われてしまうのは不可抗力です。二一節の説明の後半は文が錯綜していて意味不明なのですが、娘をベニヤミンに与えるのは誓いを破ることになり、罪を問われるけれども、戦争が終わって妻を迎えることもできるようになったのだから、ベニヤミンにも憐れみをかけてやろうではないか、ということでしょう。それで親たちが本当に納得できるかどうかは別にしまして、ともかくそれで誓いは全うされて、ベニヤミンも救われます。

それでシロで祭りが行われる時に娘たちが踊りに出てきますと、ベニヤミンの男たちは各々そこから娘を奪い去って、なんとか部族を存続させることができました。こうした「略奪婚」については、ギリシアやローマの歴史家たちが幾つかの事例を書物に記してもいますから、実際にあった風習なのだろうと思われます。ただ、それらの書物によりますとそれが元で戦争が起こったともありますから、「風習」では済まないところもあります。花嫁を「略奪」するのですから、それは「盗み」ですし、聖書でも「誘拐」は死刑に相当する罪です。この解決方法が主の目にかなったことであるかどうかは、聖書は沈黙しています。

失われた羊を憐れむ神

二三節と二四節にあるまとめの句は、これがイスラエルによる土地取得の経緯であったことを表しています。イスラエルの民はヨシュアと共に約束の地へ辿り着き、受けるべき嗣業の土地を分け与えられたのですけれども、それを確保して定着する新しい世代の歩みは、真の神への信仰が大きく揺らいで、諸民族との戦いをとおして神の裁きを体験する厳しい時代となりました。人々は罪を悔い改めてはまた犯すことをくり返して、時代はどんどん悪くなってゆき、最後には恐るべき犯罪が民自らの手で行われて、イスラエルの一致に「破れ」が生じました（一五節）。終わりの二一章に記されているのは、なんとかして主の御前に誓いを果たして、そうして律法を守って、イスラエル十二部族の一致を保とうとする共同体の努力です。しかしそれらも、「イスラエルには王がなく、それぞれ自分の目に正しいとすることを行っていた」時代の取り組みでしかありませんでした。こうして、真のメシアの到来を待ち望みながら『士師記』は閉じられます。

この書物から私たちに示されたのは、真の神を見失って、正しい判断基準を失った世界の混乱ぶりとその救われ難さですけれども、それでも神はご自分の選んだイスラエルをお見捨てにならず、さらには大きな罪を犯した兄弟ベニヤミンをも失われないようにされたことが告げられています。罪に対する裁きは命に関わる深刻な事態を招きます。けれども神は憐れむお方であって、失われた一匹の羊をも尋ね求める救い主です。神なき時代に、私たちも世の中の動きに惑わされて右往左往しがちで、信仰の継承もままならない厳しさも覚えています。しかし、私たちのその困難を十分ご承知で、御子イエスを送ってくださって、私たちと共に歩ませくださるのですから、主の負ってくださった苦難に感謝をして、再び主がこられるときまで信仰を守りとおしたいと思います。

天の父なる御神、『士師記』の御言葉を最後まで学びとおすことができて感謝いたします。この書物に描かれたように、私たちもまた罪を悔いてはまた犯す、まことに不甲斐ない信仰の歩みをしていますが、あなたは主イエス・キリストにあって私たちを赦し、災いの中にあってもあなたの子として守ってくださいます。主イエスの十字架の恵みにいつも感謝していることができますように、そして、主イエスが真の王として平和を実現してくださる終わりの時を心から待ち望むことができるように、私たちの信仰を励まし、あなたの御言葉と共におらせてください。主イエス・キリストの御名によって祈ります。アーメン。

ルツ記

一　あなたの神はわたしの神

一章一－二二節

『士師記』から『ルツ記』へ

これまで『士師記』の御言葉から、嗣業の土地を分け与えられたイスラエルの民が、カナンの民といかに戦いながら罪の深みに落ち込んでいくかを見てきました。終わりに至っては目を覆うような暴力があり、兄弟同士で殺し合う戦争がありました。「そのころは王がいなかった。各々が自分の目によいと思うことを行っていた」とその時代に対する評価がくり返し述べられました。しかし、そうして神の選びの民は自らの罪のために滅び去ったのではなくして、堕落の底にありながらも十二部族がなんとか生きながらえて、神の憐れみが注がれるのを待っていたのでした。『ルツ記』がそうして『士師記』に続きます。「士師が世を治めていた頃」と物語は始まります。そして「ユダのベツレヘム」に焦点が定まります。『士師記』の終わりに付けられた二つのエピソードがすでに「ユダのベツレヘム」にふれて、その特別な意味を暗示していました。『ルツ記』の始まりはそこからの明確な連続線を見せながら、主人公の一家の主人エリメレクを「ユダのベツレヘム出身のエフラタ族の者」と紹介しています。そして、この物語の導く先には『サムエル記上』一七章一二節に登場する次の人物が待っています。

ダビデは、ユダのベツレヘム出身のエフラタ人で、名をエッサイという人の息子であった。

「王がいなかった時代」の暗闇を抜けて、いよいよ神の憐れみがイスラエルに示される時が、待ち望まれたメシア・ダビデと共に到来します。その闇から光へと向かう途上に『ルツ記』の短い話が差し込まれます。ここからダビデ誕生ために特別に備えられた主の摂理的な御業が語られます。

ナオミとヨブ

「エリメレク」（神は王）との名がその家系の未来を方向付けます。彼にはナオミ（快い）という名の妻があり、二人の息子がありました。そしてここでの主人公はナオミです。物語の冒頭は『士師記』の暗さを引き継いで、ナオミを襲った悲劇から始まります。初めに飢饉が起こります。

飢饉とは国全体に降りかかる大きな災いです。『創世記』ではアブラハムやイサクが同じように飢饉に見舞われて、家族の命を守るためにエジプトへ避難したことが記されています。エリメレクの家族はヨルダン川を越えて東側のモアブへ逃れます。モアブはケモシュ神の土地ですから、信仰からすれば不本意な避難であったのではないかと思われます。しかし、後にはダビデの両親がモアブの王に保護されていた時期があると『サムエル記上』二二章に記されていますから、イスラエルのモアブに対する関係は両義的です。

そして、ナオミの夫エリメレクは二人の息子を彼女の元に残してモアブで死にました。息子たちはそれぞれモアブの女性を妻にしました。夫が生きていればどうであったかわかりません。アブラハムは息子のイサクに嫁を迎えるにあたって、地元のカナンの人間から娶るのを避けて、わざわざ遠方の親族のもとへ僕を遣わしています。ともかく、ナオミの息子たちが妻を迎えて十年が過ぎました。十年間共に暮らしていて孫が生まれなかったことは、夫を亡くしたナオミにとって淋しいことであったに違いありません。アブラムの妻サライは、カナンの地方に住み着いて十年が経って、子どもができないために悩んで、夫に側女を与えて問題の解決を測りました。ナオミの場合はその間もなく、二人の息子が次々と世を去りました。

息子の名はマフロンとキルヨンでした。「マフロン」とは「病弱」という意味で、「キルヨン」は「瀕死」を表します。名前からして不幸な運命を背負った二人でした。これは家系の問題かもしれません。『創世記』三八章にはユダとタマルのことが記されています。ユダはカナン人の妻を迎えて、三人の息子をもうけます。長男のエルはタマルという女性と結婚しますが、子どもが生まれる前に死に、次男のオナンが法に従ってタマルを身請けします。ところが、オナンもまた子をもうける前に死んでしまい、タマルはやもめとなってしまいます。ユダの二人の息子、「エル」の名は「子どもがない」という意味を表し、「オナン」は「喪に服す」ことをさします。

ナオミは飢饉という時代の災害に巻き込まれ、さらに夫と息子たちを失うという家庭の不幸に見舞われました。「主の御手がわたしに下された」（一三節）、「主がわたしを悩ませ、全能者がわたしを不幸に落とされた」（二一節）と嘆くナオミの様子は、さながらヨブの女性版です。「ナオミ」（快い）という名はなんとも皮肉です。「マラ」（苦い）と呼べ、と彼女はベツレヘムで語ります。彼女の悲惨な姿を見て、ベツレヘムの女たちもどよめき、「これがナオミか」と絶句します。

モアブの女ルツ

寄留の地モアブですべてを失ったナオミの元に残されたのは、子どものいない二人の嫁でした。ナオミは故郷に帰る決心をします。二人の嫁はモアブ人です。異邦人でありながら二人の嫁は夫にも姑にもよくしてくれたようです。ナオミは二人の忠実さに「主が報いてくださる」ことを願いながら、二人を故郷に帰そうとします。ここに示されている信仰のかたちは、神と土地が結びついています。エリメレクの一家がユダの土地を離れたことは、災害から逃れるためであったとはいえ、主なる神から離れることを意味します。モアブ人にとっては、モアブの土地を離れればケモシュから離れて、異教徒との間で肩身の狭い暮らしをすることになります。「それぞれに新しい嫁ぎ先が与えられるように」とナオミは祈ります（九節）。無理をしないで自分の国にとどまっていなさい、ということです。

二人の嫁は初め、ナオミについて行くつもりでした。ナオミがそこで三度の説得を試みます。初めの説得では二人とも納得はしませんでしたが、二度目の説得を通じてキルヨンの妻であったオルパが実家に帰る決心をします。この二度目の説得でナオミが語っているのは、死んだ兄弟の妻を残りの兄弟が責任をもって引き取って家名を存続させる、という結婚に関する風習です。先ほどお話ししたユダとタマルの事例がそうでした。また、『申命記』二五章五節以下に、いわゆる「レビラート婚」と呼ばれる家名存続の掟が記されています。『ルツ記』ではこの掟がやがてナオミを救うことになります。

オルパはそうして説得に応じて「自分の民、自分の神」（一五節）のもとに帰ります。しかし、もう一人の嫁であるルツは、三度目の説得にも応じずに、ナオミにくっついて離れませんでした。名前の説明をしていますので、ここで「オルパ」と「ルツ」についても話すべきところですが、この二人の名はモアブ人であるためか、はっきりしたことはわかりません。「オルパ」は「うなじ」を表し、うなじを見せて去って行くことを意味する、と解釈する人もあります。「ルツ」の場合は、「レウート」と読んで「同伴者」を意味する、というもっともらしい説明もあります。しかし、他の人物たちのようにヘブライ語を解する者なら誰でもわかる類の名ではないのは確かです。

ナオミの説得を拒んだルツの告白は、「あなたの相嫁は自分の民、自分の神のもとへ帰った」と言ったナオミの言葉に反応しています。ルツは何としてもナオミから離れないと強く主張します。そして、「あなたの民はわたしの民、あなたの神はわたしの神」(一六節)と、自分の国を捨てる覚悟を述べました。それが偽りでないことは「主よ」と一七節で主の名を呼んでいることからも察することができます。

ユダのベツレヘムについての預言で知られる『ミカ書』の七章に、堕落した時代を告発する預言者の次のような言葉があります。

息子は父を侮り／娘は母に、嫁はしゅうとめに立ち向かう。人の敵はその家の者だ。(六節)

モアブ人の嫁ルツが姑のナオミに示す態度は、これとは正反対のものです。

あなたの亡くなる所でわたしも死に／そこに葬られたいのです。死んでお別れするのならともかく、そのほかのことであなたを離れるようなことをしたなら、主よ、どうかわたしを幾重にも罰してください。（一七節）

ここに表されたルツの愛情はあらゆる利害関係を超えています。ナオミについてユダの地に足を踏み入れることは、ルツにとってさまざまな困難を惹き起こすことにはなっても、まったく益にはなりそうにありません。ルツの実家がどのようであったかは知りません。しかし、ここで彼女は自分の生まれ故郷を捨て、宗教を捨ててまでナオミについて行くと言います。ユダに入れば彼女は異邦人です。『申命記』二三章四節の掟に従えば、「アンモン人とモアブ人は主の会衆に加わることはできない。十代目になっても、決して主の会衆に加わることはできない」とされています。ナオミはオルパと同じようにルツにも「新しい嫁ぎ先と安らぎ」を願いました。しかし、ユダでの彼女の生活には苦労しか見込めません。ルツばかりではなく、ナオミにも希望はないわけです。もはや新しい子どもが生まれて、家族が明日へとつながる見込みがないことは一一節で彼女が述べているとおりです。しかし、ルツは彼女を放ってはおけませんでした。そして、ルツがナオミについて離れないことが、同時に、ナオミの神である主について離れないことをも意味していました。ルツは女版ヨブとも言えるナオミと苦しみを分かち合うことによって、主なる神の憐れみにふれることになります。

神の摂理を信じる

『ルツ記』には主なる神の直接的な介入はほとんど見られません。民を救う奇跡は起こらず、預言者の告げる主の言葉も聞かれることなく、人間中心の物語が淡々と進みます。そこに、しかし、主の御業が現れないかといえば、そうではありません。この物語全体が、人の思いを超えた神の摂理を私たちに語っています。ナオミは自分の不幸を呪うかのように、主の裁きをつぶやきます。「主の御手がわたしにくだされた」「全能者がわたしをひどい目に遭わせた……主はわたしからすべてを奪った…主がわたしを不幸にした」。神を否定しないまでも、こう訴えるナオミには希望がありません。

ナオミに裁かれるような理由が何かあったのかどうかわかりません。モアブに逃れて、主を離れたことが根本的な問題であったのかもしれません。確かにナオミの言うとおり、主が彼女に罰を与えたのかもしれません。神は全能者であって、すべてのことをご存じで、すべてのことを御旨のままに行われます。そうだとしても、ナオミが訴えている主の御業は、彼女の身に起こった不幸についての彼女自身の解釈です。それがすべてではありません。たとえ彼女を不幸な目に遭わせたのが神であっても、それには何か理由があるのかもしれません。

この物語の中では主の直接的な御業が語られないと言いましたが、この一章では一箇所それが記されているところがあります。それは六節です。

主がその民を顧み、食べ物をお与えになった……。

最初にナオミを見舞った飢饉という国家規模の災害には、こうして主の解決が与えられています。そしてそのニュースをナオミは実際耳にして、主のもとに帰る決意をします。主の良き御旨がこうして知らされているわけです。すると、続いて主はナオミの家庭の問題にも解決を与えてくれるのではないか、との期待が生まれます。神の積極的な働きは、苦しむ民の声を聞きあげ、良いもので報いてくださることだからです。すべてを捨ててナオミに尽くそうと決意した異邦人の女性ルツもまた、その愛に基づく決心のゆえに、主の特別な顧みを受けることになります。真の神を信じる者は、その出自や身分によらず、愛に生きることをとおして神の摂理に導かれると、今日の御言葉からルツとナオミが教えてくれます。

世の過ぎ行く様をも私たち一人ひとりの人生をも御手のなかで導かれます全能の御神、あなたは私たちを自由に選んで主イエスのもとに引き寄せ、ご自分の民とし、あなたを神として仰がせてくださいます。私たちにはあなたの御旨のうちにあるすべてを知ることはできませんけれども、あなたはすべての人を憐れんでくださり、一人ひとり、時に適って救いを与えてくださいます。どうか、あなたの良き御旨を私たちに信じさせてくださり、どのような困難がありましても、あなたに希望を持つことができるように、いつも主イエスと共におらせてください。そして、身近にある人々にも愛を尽くして仕えることで、あなたの御旨を果たさせてください。主イエス・キリストの御名によって祈ります。アーメン。

二　やさしさに出合う

二章一―二三節

落穂拾い

飢饉という大きな災害から逃れてモアブの地に移り住んだナオミは、知人も親戚もいない外国暮らしで夫と二人の息子を失い、失意の内に故郷へ戻って来ました。しかし、ナオミには息子の嫁であったルツが残りました。異国の女性でありながら、ルツはナオミに誠意を尽くして仕え、すべてを捨てて姑についてベツレヘムへとやってきました。そこで第二幕に当たる今日の箇所の始めでは、『ルツ記』の主人公であるもう一人の人物「ボアズ」が紹介されます。この第二章に記された出来事は、ボアズの所有する畑が舞台です。

ベツレヘムではナオミとルツの生活が始まりました。「有力な親戚」であるボアズに出会う前、二人は身寄りのないところでの貧しい暮らしをせねばなりませんでした。そこでルツが自ら「落穂拾い」をかってでます。ナオミが高齢であるためしかたなく、というのではなくて、彼女に心から仕えるためです。言葉遣いも丁寧です。「畑に行ってみます」ではなくて、「どうか、行かせてください」とナオミに許可を願っています。ナオミは「わたしの娘よ」と優しく呼びかけて、ルツを畑に行かせます。

「落穂拾い」と言えばミレーの絵画を誰もが思い起こします。その絵に醸し出されている静けさと慎ましさは、ここに描かれた物語と非常によく合います。「落穂拾い」は貧しい人々が生き延びるための手段でした。農園の所有者たちには、土地の貧しい人々のことをも考えて耕作をすることがモーセの律法によって定められていました。『レビ記』一九章九節以下には、次のように記されています。

穀物を収穫するときは、畑の隅まで刈り尽くしてはならない。収穫後の落ち穂を拾い集めてはならない。ぶどうも、摘み尽くしてはならない。ぶどう畑の落ちた実を拾い集めてはならない。これらは貧しい者や寄留者のために残しておかねばならない。わたしはあなたたちの神、主である。（九―一〇節）

イスラエルにあって土地は神が民に与えた嗣業ですから、本来の所有者は神ご自身です。そこで畑を耕す努力については、神が祝福してくださることによって、豊かな収穫で報いられるのですけれども、神は力のない貧しい者たちを憐れむお方ですから、先のような掟によって、そうした人々に憐れみの手を差し伸べることをお求めになりました。「畑の隅まで刈り尽くさない」ようなことは仕事上の日常の配慮になるかと思います。イスラエルの生活には、その隅々にまで神の配慮が染み渡ります。ホームレスの方を街から追い出す今の日本の社会とはずいぶん異なります。

モアブ人であるルツが、ナオミのもとでどれだけ律法を学んだかはわかりませんが、彼女はおそらくほかにも多くの貧しい人々がそのようにしていたのを知って、そこに望みをかけて畑に出て行き、落穂拾いを始めました。そこは「たまたま」ボアズの畑であった、と三節にあります。聖書ではこの「たまたま」がミソです。『コヘレトの言葉』に「何事にも時があり、天の下の出来事にはすべて定められた時がある」（三章一節）とありますように、人間には偶然のように思える出来事も神がすべてをご存じだからです。

ボアズのやさしさ

畑にきたボアズは農夫たちと快い挨拶を交わします。「主があなたたちと共におられますように」（五節）。これは礼拝の始めになされる挨拶の詞にも採用されていますから、教会にも馴染みのある言葉です。「主があなたを祝福してくださいますように」。農夫たちが畑の主人に差し向けたこの祝福の詞は、イスラエルの民が主に向かって述べる祝福・讃美の言葉でもあります。この挨拶から、ボアズの畑が主の祝福に満ちていることが伺えます。『ルツ記』の一つの特徴は、人の心に猜疑心や悪意がみられないところにあります。

ボアズは自分の畑にルツの姿を認めて、監督に彼女の素性を聞きますと、その監督がすべて答えています。ということは、ルツはちゃんと厚意を示してくれる人に出会えて、落穂拾いを始めることができたわけです。また、その監督の言葉からは、彼女の働きぶりが伺えます。七節の終わりに、「今、小屋で一息入れているところです」とあるのは『聖書 新共同訳』で初めてつけられた翻訳だと思います。従来の読み方ではギリシア語訳に基づいて「少しの間も休みませんでした」（口語訳）などと読まれてきました。原文の解読が困難なためですが、ともかく、ここに表されているのはルツの忠実な働きぶりについてです。

そこで、ボアズとルツの会話が八節から一三節にかけてなされます。ボアズの態度は、ナオミがルツに接する態度と同じです。「娘よ」と親しく声をかけます。ボアズは落穂拾いの許可を出すだけではなく、彼女が生活の糧を得る手立てを確保できるようにし、さらに快く働けるような保護も申し出ます。「若者たちが邪魔をしないように」とは、彼女が若い女性であるからということでしょう。「女たちと一緒にここにいなさい」「女たちについて行きなさい」と、彼女の居場所が定められています。一方で、飲み水については若者たちが用意してくれます。

ボアズの厚意は、一四節以下ではルツに対する特別な優遇措置へと進みます。貧しいルツにはお弁当も持参できないはずですが、ボアズは食べきれないほどの食事を分けてくれました。「炒り麦」は、非常食なんだそうです。私は見たことがありませんが、農夫や狩人が歩きながらでも食べることができるようにと準備しているもので、アラブ人は今でも食べていると言います。また、パンを酢に浸して食べる習慣はよくわからないのですが、「一切れずつ」とあるところは、原文では「ピタ」と書いてありまして、これは今イスラエルで食べられる袋型のパンをさす「ピタ」という語の元の語です。「酢」は聖書では良い飲み物ではありませんので、これはヨーグルトのことではないか、という研究者もあります。

さらにボアズはルツに落ち穂を拾わせるだけではなくて、意図的に麦の穂を落としておくように若者に命じます。拾う彼女を「とがめてはならぬ」とあえて彼女の保護がここでもくり返されます。九節の「邪魔をしないように」というのは「傷つけるな」ということです。後でナオミも「ひどい目に遭わされることもない」と言っています（二二節）。つまり、若い娘である彼女がこれほどの保護の対象にされていることは、彼女の身に及ぶ危険の裏返しでもあるわけです。彼女はボアズの畑で「すばらしい」（二二節）場所に導かれ、ボアズとその農夫たちという気持ちのよい人々に出会いました。これと対照的に描かれているのが、『士師記』一九章に描かれたギブアでした。そこではベツレヘム出身のレビ人の連れであった若い側女が、町のならず者たちの犠牲になりました。その違いがどこにあるかと言えば、ボアズとナオミの、主の御前にあって、主の御言葉に生きる信仰にあります。

ルツのヘセド

ルツはボアズのやさしさにふれて、一〇節でこう問い返しました。

よそ者のわたしにこれほど目をかけてくださるとは。厚意を示してくださるのは、なぜですか。

「よそ者」というのはルツがモアブ人であるからです。「よそ者」とは通常は「異教徒」であって、イスラエルの神の恵みからは排除されるはずの人間です。ルツの発言はそれをよく知ってのことです。ボアズがそれに答えて述べた理由は、第一に、ルツが姑のナオミに示した愛情です。これは聖書の言葉で「ヘセド」と言い表されます。それは単に情ではなくて、忠実さを表す「真心」です。ルツはナオミにしがみついて離れなかった、と一章一四節にありましたけれども、そこにある「しがみつく」という言葉が『ルツ記』で用いられる一つのキーワードです。この言葉が現れる重要な箇所は、『創世記』二章二四節です。

こういうわけで、男は父母を離れて女と結ばれ、二人は一体となる。

この「一体となる」と訳されている言葉が、ルツの振る舞いにして「しがみつく」と訳されています。ルツはそうしてへセド＝真心をもってナオミに仕えることで、もはや「外人」の立場ではなく、イスラエルの民と一体となった娘になります。

ボアズがルツに憐れみを示した第二の理由はそこにあります。彼女は「父母を離れて」ナオミに従いました。さらに、「生まれ故郷を捨てて、全く見も知らぬ国に来て」います。それは信仰の父アブラハムが選んだ道です。ただ「行け」との言葉が与えられて、アブラハムは見たこともない国へと神の言葉が示すままに出て行きました。それは、神に対する「へセド」の表れです。ボアズはそうして、ルツのへセド＝真心＝信仰に応えて、主の報いとして、ルツへの厚意を示したわけです。『詩編』九一編四節には、「神は羽をもってあなたを覆い／翼の下にかばってくださる」とあります。ボアズがその翼となってルツを覆ったのでした。

ルツはその厚意に応えて「わたしの主よ」とボアズに呼びかけ、「あなたのはしため」と言います。この答えは、主なる神に対する「へセド」を表した女性たちの口からたびたび聞かれます。こうしたルツの慎ましい応答の言葉からも彼女の真心が伝わってきます。

芽生えた希望

こうして私たちは、ナオミとルツとボアズの口を通じて、信仰者の真心にふれています。それが同時に、神の祝福の現れた姿でもあるわけです。『申命記』にこういう御言葉があります。

あなたのうちに嗣業の割り当てのないレビ人や、町の中にいる寄留者、孤児、寡婦がそれを食べて満ち足りることができるようにしなさい。そうすれば、あなたの行うすべての手の業について、あなたの神、主はあなたを祝福するであろう。（一四章二九節）

互いに祝福の挨拶を交わすボアズの畑の内に、また真心をもって隣人に仕える憐れみ深い信仰者たちの内に、神は豊かな祝福をもって報いておられます。ボアズの畑もまた、かつて飢饉で苦しんだはずではなかったかと思います。しかし、「主が民を顧みて、食べ物をお与えになった」（一章六節）との知らせは本当でした。ルツもナオミもボアズと出会って、その顧みの内に入れていただくことができました。ルツがナオミのもとに持ち帰った大きなお土産は、およそ二十キロに及ぶ麦粒ばかりではありませんでした。ルツという異邦人の嫁と、ボアズという親戚のめぐり合わせこそが、ナオミに未来を示す神からの大きな贈り物でした。「たまたま」起こったことの陰に、私たちの知りえない、神の摂理がこうして働いていることを、今日の御言葉は語っています。そのところで、神と人とに真心から仕える私たちの信仰が、神の祝福を実現する手立てとして用いられます。

すべてのことを御旨のままに実現していかれます、天の父なる御神、世の罪のために今も苦しむ私たちは、あなたの祝福が主イエスに対する信仰によって道を開くことを信じます。どうか、私たちの内にあなたと隣人に仕えるための真心を確かに備えてくださって、主イエスと共に希望のある未来へと歩みを進めさせてください。御言葉に命を与えられた教会の働きをとおして、これからも多くの人々が、あなたの憐れみにふれ、心を動かされて、あなたの民の内に受け入れられますように、聖霊の導きをお与えください。主イエス・キリストの御名によって祈ります。アーメン。

三　真心と責任

三章一—一八節

ナオミの計画

二章ではルツが積極的に働いてナオミの元から畑に出て行き、畑の所有者である親戚のボアズに出会って、豊かな収穫を持ち帰りました。三章では、ナオミが主導権を握って、今度はルツをボアズの麦打ち場に送り込みます。ナオミは嫁のルツに対して実の娘のように愛情を注ぎます。ルツもまた姑に対して実の母親のように尊敬を表し、その言葉に忠実に従います。ベツレヘムに帰って来たナオミには今二つの願いがありました。その一つは娘のルツを幸せにすることです。もう一つは夫エリメレクの家名を残すことです。その二つの願いが、ボアズとの出会いによって一度に実現する可能性が生まれました。ルツとボアズが結婚すれば、ナオミの家系は断絶せずにボアズの家系と結ばれて存続します。また若くして未亡人となったルツも新たな家庭に迎え入れられて、幸せに暮らすことができます。モーセの律法には次のように記されています。

あなたの父母を敬え。あなたの神、主が命じられたとおりに。そうすればあなたは、あなたの神、主が与えられる土地に長く生き、幸いを得る。（『申命記』五章一六節）

主の目にかなう正しいことを行いなさい。そうすれば、あなたは幸いを得、主があなたの先祖に誓われた良い土地に入って、それを取り、……（『申命記』六章一八節）

ナオミとルツが幸せになれるかどうかは、この律法にある神の言葉が真実であるかどうかにかかっています。

希望が見えたナオミはルツをとおして積極的な行動に出ます。すでに刈り入れは終わって、大麦をふるい分ける「麦打ち」が始まります。それが終わってしまえば農作業はひとまず終わりますから、ルツもボアズの近くにいることができなくなります。そこでナオミは事を急いで、ルツに指示を与えました。

体を洗って香油を塗り、肩掛けを羽織って麦打ち場に下って行きなさい。ただあの人が食事を済ませ、飲み終わるまでは気づかれないようにしなさい。あの人が休むとき、その場所を見届けておいて、後でそばへ行き、あの人の衣の裾で身を覆って横になりなさい。

「麦打ち場」は収穫が終わった後、農夫たちによる祝宴が行われる場所でした。また、預言者ホセアによればそこはイスラエルが姦淫を行った場所とも言われているように（九章一節）、豊穣を祝う男女が密会を行う隠れ家ともなりました。ボアズの麦打ち場にはそうした後ろめたい空気はありませんが、ナオミがこれをルツに命じている背景にはそのような当時の風習があることがわかれば、ある程度理解しやすくなるのではないかと思います。『士師記』二一章にはシロの祭りでの略奪婚も記されていました。

「体を洗って……」と美しく装わせるのは、ボアズの気を惹くためとも思われますが、『サムエル記下』一二章二〇節によれば、息子を失ったダビデが立ち直って主の家に礼拝に行くときの装いです。ルツの場合は花嫁衣装とも言えますけれども、そこには主の御前に進み出る心づもりが表れます。ボアズが「食事を済ませ、飲み終わるまでは気づかれないように」とは、彼の酔いが回って自制が効かなくなった時がチャンスだ、という、俗によくある誘惑のしかたではなくして、ペルシアの王妃となったエステルが重大な願いをもって王に近づくときに宴会を催したのと同じでしょう。また、今回のことは他の誰にも気づかれないようにして、彼と一対一にならねばなりません。

ただ、『創世記』一九章三〇節以下に、アブラハムの甥に当たるロトの娘たちのしたことが記されています。ロトと娘たちはソドムの破滅を免れて生き延びたのですけれども、洞穴に隠れて住んで、外界との接触がなくなりました。それで子孫を残すために娘たちがとった方策は、父親から子種をもらって子を産むことでした。三三節以下にこうあります。

娘たちはその夜、父親にぶどう酒を飲ませ、姉がまず、父親のところへ入って寝た。父親は、娘が寝に来たのも立ち去ったのも気がつかなかった。あくる日、姉は妹に言った。「わたしは夕べ父と寝ました。今晩も父にぶどう酒を飲ませて、あなたが行って父と床を共にし、父から子種をいただきましょう。」娘たちはその夜もまた、父親にぶどう酒を飲ませ、妹が父親のところへ行って寝た。父親は、娘が寝に来たのも立ち去ったのも気がつかなかった。このようにして、ロトの二人の娘は父の子を身ごもり、やがて、姉は男の子を産み、モアブ（父親より）と名付けた。彼は今日のモアブ人の先祖である。（三三−三七節）

おそらく、こうした話からもモアブ人は忌み嫌われたのでして、ルツはまさにそのモアブ人であるわけです。四節にある「あの人の衣の裾で身を覆って横になりなさい」と言われているところからは、そのロトの娘たちのしたことが思い起こされます。『聖書 新共同訳』は読者に気を遣って上品な表現に直していますが、従来の翻訳では原文にあるとおり「その足のところをまくって、そこに寝なさい」となっていました。『エゼキエル書』一六章八節以下では、それは主なる神とイスラエルとの結婚の描写でもあります。

わたしがお前の傍らを通ってお前を見たときには、お前は愛される年ごろになっていた。そこでわたしは、衣の裾を広げてお前に掛け、裸を覆った。わたしはお前に誓いを立てて、契約を結び、お前は、わたしのものになった、と主なる神は言われる。

ルツはモアブ人でしたけれども、真心をもって姑を敬い、モーセの律法にあるとおり、主の目に適う生活をしていた慎ましい女性です。ですから、ロトの娘たちのように自分から行動したのではなく、ナオミの指示によって、彼女への真心（ヘセド）によって行動します。ボアズがそうした大胆なルツの振る舞いにどう反応するかはわからなくとも、彼女は姑を全面的に信頼して、「言われるとおりにいたします」と答えて実行します。

真夜中の出来事

そして、ボアズの麦打ち場で、ルツはナオミに言われたとおりにしました。聖書では神の力が現れる不思議な出来事はたびたび真夜中に起こります。出エジプトにあたって主の過ぎ越しが行われたのも真夜中でした（『出エジプト記』一二章）。また、『士師記』の中ではサムソンがペリシテ人の娼婦の家で真夜中に目覚めて、町の門を破壊して隣の山まで担いで登った、という出来事がありました（一六章三節）。真夜中にボアズは目を覚まし、自分の足がはだけていて、ルツが傍に寝ているのに驚きます。「わたしはあなたのはしためです」と身を明かす彼女の言葉には、初めて畑でボアズに出会った時の、あの慎ましさがまた現れています。しかし、二章一三節でそのように述べた時には「わたしはあなたのはしための一人にも及ばない」と言っていたのに、ここでは「あなたのはしため」に昇格しています。ルツはもはや異邦人ではない自分をボアズに差し出しています。

「はしため」とは奴隷のことですが、聖書では身分の高い人を前にした時の女性のへりくだった言葉遣いに表れます。子どもを授かるために聖所で主の前に祈りをささげたサムエルの母ハンナが自分のことをそう言い表しています（『サムエル記上』一章一一節）。また、ダビデの前に進み出て愚かな夫の執り成しをしたアビガイルもそうです（『サムエル記上』二五章二四節以下）。そして、天使の告知を受けたマリアにまでルツの示した慎ましさは受け継がれます。

「どうぞあなたの衣の裾を広げて、このはしためを覆ってください」との申し出は、先ほど開いた『エゼキエル書』一六章の言葉に対応していますから、ボアズに結婚を訴えるものと理解できます。ここでルツの求める結婚とは、男女間の情愛の結実というような近代的なロマンスとは違います。ここでのルツとボアズのやりとりには確かにエロティックなニュアンスも醸し出されていますが、二人の間に築かれる関係はルツの真心とボアズの責任ある態度が結ぶものです。そこには先に見たロトの娘たちのことやエゼキエルの預言が重なりますけれども、ボアズとルツの関係は『申命記』のモーセの歌にある、主とイスラエルとの間にある親密な関係の写しです。

主は荒れ野で彼を見いだし／獣のほえる不毛の地でこれを見つけ／これを囲い、いたわり／御自分のひとみのように守られた。鷲が巣を揺り動かし／雛の上を飛びかけり／羽を広げて捕らえ／翼に乗せて運ぶように、ただ主のみ、その民を導き／外国の神は彼と共にいなかった。（三二章一〇―一二節）

主なる神はイスラエルの保護者であり、そして伴侶となられました。ルツはここでボアズに真心＝ヘセドを見せて、ボアズに保護を願い出ています。それもまた、ナオミへの忠誠＝ヘセドによるものでした。

家を絶やさぬ責任

ルツの大胆な振る舞いと申し出に対して、ボアズもまた誠実な態度で答えます。酒の勢いで女性と関係してしまうのでも、情熱に燃やされて彼女と一晩過ごすのでもなく、ボアズはルツを心から称賛して、彼女の申し出を受け止めます。「あなたは、若者なら、富のあるなしにかかわらず追いかけるというようなことをしなかった」とほめています。とするとボアズは若者ではないことになりますが、農場の経営者でもありますし、おそらく父と娘ほどルツとは歳が離れているのではないかとも想像します。ユダヤ人の間ではボアズは八十歳とする解釈があるそうです。モーセが召命を受けてエジプトに出ていった年齢です。ともかく、そうしてルツの申し出が軽率なものではなく、むしろ「真心」によるものであることがボアズの目に留まります。「今までの真心」とは、ボアズが既に畑で確認した、ルツのナオミに対する振る舞いでしょう。そして、「今あなたが示した真心」とは、ボアズに贖いの責任を求めて身を差し出した振る舞いです。「家を絶やさぬ責任」とありますが、「家を絶やさぬ責任のある人間」で一つの語です。「ゴエル」と言いますが、これが意味するのは「贖い主」です。律法の規定によって、イスラエルの民の一人が、その貧しさのために土地を手放さなければならなくなったとき、その土地を買い戻すことは親戚の義務とされていました（『レビ記』二五章二四節）。その「買い戻す」ことが「贖う」ということです。また、兄弟が妻を残して死んだ場合に、残りの兄弟がやもめとなった彼女を娶って家名を残すことは兄弟の義務でした（『申命記』二五章七節）。ボアズはルツの義理の兄弟ではありませんから、モーセの律法はそのまま適用されるのではなくて、その解釈の範囲が親戚にまで及んでいるのでしょうけれども、ルツもボアズもそれらの律法に従って、互いに忠誠を果たそうとしているわけです。

ボアズは、ルツを「立派な夫人」だと言います。この言い方は『箴言』にだけ二度現れます。一二章四節にはこうあります。

有能な妻は夫の冠。恥をもたらす妻は夫の骨の腐れ。

また三一章一〇節ではこう言われます。

有能な妻を見いだすのは誰か。真珠よりはるかに貴い妻を。

この言葉遣いで言えば、ボアズはルツを「有能な妻」だと言っているわけです。それで一一節では、「すべてあなたの言うとおりにします」と彼女に従うことを誓います。ただ、責任を果たすにも優先順位があって、ナオミ＝エリメレクにより近い親戚が義務を負わねばならない。それをボアズは正直にルツに告げます。これも、律法に対するボアズの忠誠の表れでしょう。ですから、自分の気持ちを優先させて神の御心を無視した誓いをするのではなくて、もしも自分にその選択肢が与えられたなら、必ずそれを果たすと約束します。「主は生きておられる」とは誓いの文言です。

結局、ボアズはルツにふれなかったのでしょう。朝まで「ボアズの足もとで休んだ」とあるところは八節と同じ表現で、性的な関係を暗示するようでもありますが、むしろ二人の振る舞いは抑制されて慎ましいものになっています。そして、まだ夜が明けきらない内にボアズはルツを家に返します。麦打ち場は通常、町の門の近くにありました。これから始まる交渉の前に要らぬ噂が立ってもいけません。ただ、ボアズはルツとナオミを気遣って、またもや風呂敷一杯の大麦をお土産に持たせて、家に帰らせました。

約束の実現を待つ

こうして、ルツをボアズのもとに送ったナオミの計画は、ひとまず願いどおりに進みました。ルツの持ち帰った大麦は、ナオミの願いが天の神に届いていることの一つのしるしです。ナオミがそのことに気づいているかどうかはわかりません。けれども、ルツがボアズの元から帰ってくる度に、神の祝福を表す大麦がナオミのもとに運ばれて、飢饉による災害ですべてを失った彼女の傷が、まず食べ物から修復されていきます。ナオミは初めに「主がわたしをうつろにして帰らせた」と嘆いていました（一章二一節）。しかし、モーセの律法によれば、「生活に苦しむ貧しい者に手を大きく開きなさい」と命じられていて、奴隷の身分から解放された同胞が家を出て行くときには、「何も持たずにさらせてはならない」ことになっています（『申命記』一五章一一―一三節）。

あなたの羊の群れと麦打ち場と酒ぶねから惜しみなく贈り物を与えなさい。それはあなたの神、主が祝福されたものだから、彼に与えなさい。（一四節）

ボアズのお土産を見て、ナオミは確信したのだと思います。ボアズとともに主が自分とルツのために働いておられる。「成り行きがはっきりするまでじっとしていなさい」とある「じっとしていなさい」は「座っていなさい」です。二章の終わりと同じように、ナオミとルツが寄り添って座る（暮らす）ところで三章は閉じられます。しかし、ナオミはボアズのとる行動も信じていて、主が語られた祝福の言葉が成就するのを、さらなる大きな期待とともに待っています。御言葉に従って、万事を尽くして天命を待つ。神の摂理を信じる信仰とはこのようなものです。

すべてをみ旨のままに導いておられる天の父なる御神、あなたの御言葉に示された真実を顧みないで、自らの思いですべてをなそうとするときに、私たちはあなたへの信頼を失いがちですけれども、あなたは信じて歩むようにと、祝福のたどる道筋をこうして教えてくださいます。罪深い僕である私たちですけれども、真心をもって主イエスと共にあなたの御前にあることができますように、あなたの良き御旨を信じてすべての業をなすことができるように、聖霊をお与えください。主イエス・キリストの御名によって祈ります。アーメン。

四　恵みの道筋

四章一－一二節

町の有力者ボアズ

四章は『ルツ記』のいよいよ終幕です。舞台は麦打ち場から町の門へと変わります。三章の終わりで、「ボアズはきっとじっとしてはおれないでしょう」と言った、男性の心を見透かすようなナオミの言葉のとおりに、ボアズは早速行動します。「町の門」とは、町の入り口に設えられた広場で、そこは町を治める権限を委ねられた長老たちが、公の裁判や商売の交渉を取り仕切る場所でした。ボアズはそこへ上って行って座った、とありますから、彼は町を治める有力者の一人であったことがわかります。前回、ボアズは八十歳だとする伝統的な解釈があるとお話しして皆さんをがっかりさせたことを覚えておられるかと思います。それ程の高齢者であったかどうか本当のところはわかりませんが、町を治める長の一人ですから、ルツのような若い女性が「萌える」ような年齢でないことは確かでしょう。

そこへ「当の親戚の人」が通りかかります。これはなんとも残念な訳で、「親戚」には違いないのですけれども、原文には「贖い手」とあります。三章でもすでに話題になっていましたけれども、この四章では「贖い」が重要なテーマになりますから、そのまま訳してほしかったところです。岩波訳ですとかフランシスコ会訳は「贖い手」としています。この「贖い手」が誰であったか、物語は関心を示していません。古代のラビたちは、彼がエリメレクの実の兄弟であった、だからボアズに優先して贖いの責任をもつことになった、などと言っていますが、すでに見てきたとおり、本書では主要な登場人物以外の名前は記されません。話の筋としては「贖い手A」で十分です。

ちょうどボアズが席に着いたタイミングで、「折よく」その人が通りかかったというのは、これも話の筋だからそうなのだと言ってしまえばそれまでですが、そこには本書ならではの意味があるように思います。「偶然」の出来事は本書では起こりません。なぜなら、『ルツ記』全体が神の摂理を語っているからです。

ボアズの呼びかけに対して、たまたまそこを通りかかった親戚の人は、その言葉に従順に従います。これもボアズの立場ゆえでしょう。さらに、ボアズは「町の長老のうちから住人を選んで」、裁きの席に座らせます。二節に「頼んだので」彼らが座ったとありますが、原文にはそう書いてありません。ボアズが座れと言ったので座った、とあります。ですから、ボアズはかなりの有力者であることがそこからわかります。

十人を選んだのは、それが完全数だからだと思われます。律法にそのような指示があるわけではありません。証言をとるならば、二人でも十分なはずです。ですが、ここでは町全体の、さらにはイスラエル全体の承認がこの小さな交渉に求められることを、そうした数字で表そうとしているのでしょう。完全数なら七人でもよかったかもしれません。

贖い手は誰か

そうして役者が揃ったところで、ボアズの交渉が始まります。ボアズの願いは、ルツを妻に娶ること、そしてルツとナオミの念願である故人エリメレクの土地と名を残すことです。死んだ夫のことなどどうでもいいではないか、もはや人のものとなってしまった土地などもうどうでもいいではないか。愛する人と一緒に暮らせたらそれで幸せ、と考えるのは現代人でしょうけれども、ナオミもボアズも聖書の神を信じるイスラエル人です。そして、今や異邦人であったルツもナオミと心を一つにしています。彼らにとっての幸せは、モーセの律法に記された神の御旨を行うことにかかっています。これも本書が一貫して伝えているメッセージであることは、これまで見てきたとおりです。

ボアズは第一の贖い手である親戚にナオミの状況を知らせます。「わたしの考えをお耳に入れたい」と四節にありますが、これは通常、何かの秘密を明かす時の表現です。特に、神が人に御旨を明かす時にこうした表現が取られます。ボアズが告げたのは彼の「考え」ではありません。ナオミが夫の土地を手放そうとしている、あるいは、これはすでに手放したとも読めるのですが、そうして親族による贖いの義務が生じているのは事実です。確認のためにそれを記した律法にふれておきますと、『レビ記』二五章にその規定があります。二三節以下をお読みします。

土地を売らねばならないときにも、土地を買い戻す権利を放棄してはならない。土地はわたしのものであり、あなたたちはわたしの土地に寄留し、滞在する者にすぎない。あなたたちの所有地においてはどこでも、土地を買い戻す権利を認めねばならない。もし同胞の一人が貧しくなったため、自分の所有地の一部を売ったならば、それを買い戻す義務を負う親戚が来て、売った土地を買い戻さねばならない。（二三－二五節）

ナオミとルツに対するボアズの優しさに偽りはありませんが、ボアズはただ同情だけで行動を起こしたわけではありません。神の言葉である律法に忠実であろうとする信仰から、自分の責任を果たそうとしています。そこに「義」があり、ルツとナオミに対する「愛」が現れます。

四節で「責任を果たす」とか「責任を負う」と訳されている言葉はすべて「贖う」という動詞です。「贖い」などとは今日ふだんは言いませんから、難しいから使うのをやめよう、という方針なのでしょうか。しかし、「贖い」はキリスト教では神の救いを表す重要な語ですから、これが使われなくなる可能性はまずありません。ですから、聖書の文脈でそのまま理解することは非常に大切だと思うのですがいかがでしょうか。そして、ここで言う「贖い」は、親族のために土地を買い取ることです。

この責任について、第一の贖い手は「自分が贖う」と答えました。ボアズと、そしてルツにとっては残念な結果ですけれども、親戚の「贖い人」もやはりイスラエル人であったわけです。しかし、さらにボアズは贖いの条件を付け加えます。五節ですけれども、土地を買い取ると同時に、ナオミの息子の妻であるルツを引き取って、そのルツとの間に生まれた子孫をナオミに残して、買い取った土地にエリメレクの名を残さなければならない、とのことです。土地を買い取っても自分のものにはならない。さらに、「モアブ人」である妻を新しく迎えて、親族のために子孫を残さなければならない。これはイスラエル人ではあっても大きな負担に違いありません。

先ほど引用しました律法には、土地の贖いはそれだけのこととして記してあります。ですから、ボアズがここで持ち出したのは律法にある別の掟です。そちらは、今度は『レビ記』ではなく『申命記』の二五章にある、「家名の存続」を命じている箇所です。これも既に開いたことのある箇所ですが、こうありました。

兄弟が共に暮らしていて、そのうちの一人が子供を残さずに死んだならば、死んだ者の妻は家族以外の他の者に嫁いではならない。亡夫の兄弟が彼女のところに入り、めとって妻として、兄弟の義務を果たし、彼女の産んだ長子に死んだ兄弟の名を継がせ、その名がイスラエルの中から絶えないようにしなければならない。（五―六節）

いわゆる「レビラート婚」という古代の風習に見られる制度だと、以前紹介しました。ここには「兄弟」とありますが、『ルツ記』ではその「兄弟」が「親族」と拡大解釈されているようです。ボアズが第一の贖い手に訴えたのは、『レビ記』にある贖いの掟と、『申命記』にある家名存続の掟の二つであるわけです。

これを聞いて贖い手は尻込みします。親族の土地と家名のために力を費やして、自分の家族や土地を蔑ろにすることは彼には負いきれない重荷と感じられたのでしょう。「レビラート婚」の掟を唯一実践した例として知られる『創世記』三八章では、ユダとカナン人との間に息子たちが生まれますが、その長男であるエルが死んで、次男のオナンが兄嫁のタマルを妻にします。ところがオナンはそれが不服で、八節以下で次のようにしたとあります。

ユダはオナンに言った。「兄嫁のところに入り、兄弟の義務を果たし、兄のために子孫をのこしなさい。」オナンはその子孫が自分のものとならないのを知っていたので、兄に子孫を与えないように、兄嫁のところに入る度に子種を地面に流した。(八ー九節)

このオナンの事例と同じように、第一の贖い手もボアズの言葉にたじろいだわけです。そこで、先の『申命記』の掟を見ますと、次のよう続きがあります。

もし、その人が義理の姉妹をめとろうとしない場合、彼女は町の門に行って長老たちに訴えて、こう言うべきである。「わたしの義理の兄弟は、その兄弟の名をイスラエルの中に残すのを拒んで、わたしのために兄弟の義務を果たそうとしません。」町の長老たちは彼を呼び出して、説得しなければならない。もし彼が、「わたしは彼女をめとりたくない」と言い張るならば、義理の姉妹は、長老たちの前で彼に近づいて、彼の靴をその足から脱がせ、その顔に唾を吐き、彼に答えて、「自分の兄弟の家を興さない者はこのようにされる」と言うべきである。彼はイスラエルの間で、「靴を脱がされた者の家」と呼ばれるであろう。(九ー一〇節)

この掟は、だから義務を果たすようにと勧めているものと読むことができますが、どうしてもそうしたくない場合には、恥ずかしい思いを耐え忍べば済むわけです。イスラエルから追放されるとか、死に値するなどとは言われていません。そして、そういう事例が多数起こるようになれば、事は穏便に済ませるのが現実的な裁きになるはずです。七節が説明しているのはそのようなことだと思われます。靴を脱がされて顔に唾を吐きかけられる、など言うことは実践されずに、自分から靴を脱いで渡せばそれで手続きが済むようになっています。これは律法の実践的な解釈の一例でしょう。ボアズは謙遜に相手の答えを待ち、掟に従って順序を守りました。また、自分の心の内にある気持ちを相手に訴えるようなことはせず、贖いに際して相手が責任をどこまで果たすかを見極めようとしました。おそらく、その姿勢が神の御旨に適って、贖いの権利はボアズに譲られることとなり、ナオミとルツの願いがとうとう叶うこととなりました。

大団円

ボアズは町の門に集まっていた全員に贖いの宣言をします。『ルツ記』のクライマックスです。ボアズは「マフロンの妻であったモアブ人の婦人ルツ」を妻とすることを公表します。「モアブ人の女性」を妻とすることは、律法に従順でありたいと願うイスラエル人にとっては躓きになりかねません。なぜなら、『申命記』にはモアブ人は主の会衆に加わることはできない、と言われているからです。しかし、ボアズはそうした民族主義的な律法の解釈を乗り越えて、モアブの婦人ルツを受け入れ、故人の名が存続するために自分を犠牲にする決断をしました。

町の全体が、ボアズの宣言に対して「私たちは証人です」と応答します。まずは男性たちの祝福がボアズに対して向けられます。

あなたが家に迎え入れる婦人を、どうか、主がイスラエルの家を建てたラケルとレアの二人のようにしてくださるように。(一一節)

ルツはもはや「異邦人」として排斥されるモアブ人ではなく、族長ヤコブの妻、つまりイスラエルの女性であった「ラケルとレア」と並びます。年齢の順序からすれば「レアとラケル」となるはずが、ここではラケルが先頭に立ちます。これは、ラケルが、他の族長の妻たちと同様に、不妊の女性であったことと関連するでしょう。先に見たように、ルツもまた不妊であったに違いありません。最初の結婚は十年に及びましたが、結局子どもが与えられないまま夫に先立たれてしまいました。ルツは今やラケルの苦しみを共有し、しかし、ラケルと同様に夫に愛される祝福を受けようとしています。

ここで私たちは、ナオミの願いが叶えられたことを知らされます。物語の始まりに、ナオミはルツを故郷に帰そうとして、亡くなった息子たちの嫁に対して次のように祝福を与えました。

どうか主がそれぞれに新しい嫁ぎ先を与え、あなたたちが安らぎを得られますように。（九節）

そうして、オルパは去り、ルツはナオミのもとに残ったのですけれども、主がナオミの祈りを聞いてくださって、ボアズとの出会いによって、ついにルツにも新しい嫁ぎ先と平安とが与えられることになりました。

長老たちの祝福は、そして、単に家の平安を願っているばかりではありません。「イスラエルの家を建てた」二人のように、とルツを祝福しています。ボアズに対しては、「エフラタ」「ベツレヘム」と町での名声が祈られていますが、「イスラエルの家を建てる」願いは、イスラエル全体に関わります。律法に即して言えば、家名存続の掟によって、ボアズはルツの夫であったマフロンの名を残すことになります。しかし、民の祝福はボアズ自身に向けられます。一二節ではボアズの家庭が「ペレツの家」に比べられています。「ペレツ」とは、先ほど紹介した『創世記』三八章に記されている、ユダとタマルの間に生まれた子です。タマルはおそらくカナン人で、ユダの息子の嫁でしたけれども、家名を存続させるための大胆な行動によってユダから種を奪い、子孫を得ることに成功しました。ルツの身上はこのタマルとも重なります。ペレツはそうして、ユダ族の未来をつなぐ人物となり、実に、終わりの家系図からもわかるとおり、ボアズはペレッツの直系の子孫でもあります。そして、ルツはタマルのようにユダの未来を約束する婦人となり、ボアズに子をもうけます。

ルツは不妊でした。けれども、一三節にこう記されています。

主が身ごもらせたので、ルツは男の子を産んだ。

『ルツ記』では神の直接的な介入は殆どない、と言いました。一章六節で、「主がその民を顧み、食べ物をお与えになった」と書かれていただけでした。けれども、この終わりに至って、再び主が直接手を下した御業が告げられます。「主がルツを身ごもらせた」。かつて、不妊であったアブラハムの妻サラが、神の約束によって息子イサクをいただいたように、神はルツの胎を開いて男の子を与えます。男の子の誕生は、聖書ではいつも選びの民の未来をさし示します。

一章に登場して、落ちぶれたナオミを見て驚きの声をあげた女性たちが、一四節で再び現れて、彼女を祝福します。

主をたたえよ。主はあなたを見捨てることなく、家を絶やさぬ責任のある人を今日お与えくださ

いました。

「家を絶やさぬ責任のある人」とは原文では「贖い手」の一語です。いい直しますと、「主はあながたを見捨てることなく、贖い手を今日お与えになりました」。この方がどれほどよいかと思います。ナオミの苦労のすべてはこのためでした。主は、ナオミの苦難をとおして、ご自身が贖い主であることをイスラエルにお示しになりました。「ボアズ」が備えられた贖い手でした。そして、ルツがナオミの未来でした。ルツはナオミに忠実な愛をもって仕えました。その愛を「ヘセド」と言う、とお話ししました。「あなたの愛する嫁、七人の息子にもまさるあの嫁」は、律法で断罪される異邦人であったはずですが、ルツはヘセドをもってナオミに仕え、ナオミもまたルツを実の娘のようにヘセドで愛しました。主はそこに、二人が生きながらえる希望をお与えになっていたのでした。

ナオミは生まれた子の養母になりました。多くの註解者は、ナオミがその子を養子にしたと言いますけれども、必ずしもそう考える必要はありません。また、ナオミを祝福した婦人たち、それが「近所の婦人たち」でしょうけれども、彼女たちがその子に名前を付けた、というのも珍しいことです。これと同じような例は、新約聖書の『ルカによる福音書』一章五八節で、洗礼者ヨハネが誕生した時に近所の人々が、その子に別の名前をつけようとした、とあるだけです。生まれた子には「オベド」という名が付けられました。旧約聖書に『オバデヤ書』という預言書がありますが、それと同じ「主の僕」という意味の名です。そして、このオベドが、ダビデの祖父に当たる人物です。

選びの歴史

モーセの掟に従って、エリメレク＝マフロンの家名は土地とともに存続し、イスラエルの中に受け継がれていきます。しかし、神の選びの歴史にあっては、ボアズの名が記されて伝えられます。ボアズはペレツの家系に属し、そして、ボアズの子孫からイスラエルを統一する王、ダビデが生み出されます。人にはそれぞれに与えられた人生の道があり、苦労を重ねながら生涯の終わりを迎えるのですが、神には神のご計画があり、私たちは実にその御旨の中に生かされているのにすぎません。私たちが失望を覚えるときにはその神を仰ぐこともできなくなってしまうのですけれども、『ルツ記』をとおして、神はご自身の慈しみと摂理に信頼するように私たちに呼びかけておられます。信じるものには未来がある。聖書に記された、選びの民の歴史の中に、救い主を与えるとの変わらない約束が保たれて、私たちに進むべき方向が示されています。

天の父なる御神、あなたは失意の底にあったナオミを顧み、祝福で報いてくださるお方です。また、異邦人であるルツを顧み、ご自分の民に加えて栄誉を与えてくださるお方です。そのために贖い手を送ってくださり、救いの道をもあらかじめ用意されているお方です。私たちの贖い主、イエス・キリストのゆえに、私たちは確かにそう信じて御名をほめたたえます。御言葉に示された真実によって、私たちを互いの愛に生かし、あなたがさし示す終わりの祝福をめざして歩ませてください。主イエス・キリストの御名によって祈ります。アーメン。

あとがき

説教集を出版することについてはいくらか懸念がないわけではありません。無名の牧師が自己満足のために出すような類になってしまいはしないかどうか。日本キリスト改革派教会で最も多く説教集を出版した教師は元東京恩寵教会の牧師であった榊原康夫先生ですが、先生御自身が生前、余計な本は出さないようにと語っておられたのを思い起こします。神戸改革派神学校で行った講義録等も溜まってきたので、旧約聖書に関する何らかの書物を公にしようかと考えていたところ、東京の江古田教会の引退長老である父から「説教集なら信徒は読む」と言われ、まず手始めに『マタイによる福音書』の講解説教を自費で出版しました（拙著『マタイによる福音書講解――教会を建て上げる神の言葉』上下巻、二〇一五年）。すると刷った部数がおよそ二年で完売し、信徒や神学生からの評価も聞かれるようになりました。私どもの教派では特に旧約学に遅れをとっており、先の榊原康夫教師が著した説教集がこれまでテキストとしてよく読まれ、その欠けを補ってきました。その後を継ぐほどの大層な自覚はありませんが、これまでどおり説教集がよく読まれ、教会に資するものであるならば、少し努力をして今回の『士師記・ルツ記』を皮切りに続けていこうかと考えています。この度の出版は、一麦出版社の西村勝佳社長が快く引き受けてくださったことにより実現しました。心からの感謝を述べさせていただきます。また、「まえがき」に記したように、この説教は神戸市西区にある日本キリスト改革派西神教会で行った説教ですが、この本が出る頃には、私は次の任地である長野県に移動しているはずです。いつも喜んで耳を傾けてくださる西神教会の兄弟姉妹があってこそのこの説教集を、同教会の皆さんに感謝とお別れの挨拶として贈ります。

二〇一七年六月十六日

牧野信成

旧約のアドヴェント

講解説教　士師記・ルツ記

発行日……二〇一七年七月二十三日　第一版第一刷発行

定価……［本体二、八〇〇＋消費税］円

著者……牧野信成

発行者……西村勝佳

発行所……株式会社一麦出版社

札幌市南区北ノ沢三丁目四―一〇　〒〇〇五―〇八三二

郵便振替〇二七五〇―三―二七八〇九

電話（〇一一）五七八―五八八八　ＦＡＸ（〇一一）五七八―四八八八

URL http://www.ichibaku.co.jp/

携帯サイト http://mobile.ichibaku.co.jp/

印刷……株式会社アイワード

製本……石田製本株式会社

装釘……鹿島直也

ISBN978-4-86325-104-5 C0016

一麦出版社の本

ローマ書　Ⅰ・Ⅱ・Ⅲ
小説教　林勵三

礼拝で聴かれたみ言葉。要点を丹念に、週報に書き記してきた。Ⅰは1章1節から5章21節、Ⅱは6章1節から10章21節、Ⅲは11章1節から16章27節。デボーションとして最適。

四六判　定価各［本体１６００＋税］円

マタイによる福音書
〈1—7章の説教〉〈8—12章の説教〉〈13—16章の説教〉　林勵三

マタイの語る福音をしっかりと聞き取りたい。励ましと促しに満ちた珠玉の小説教。中高生や青年会のテキストに最適。

四六判　定価各［本体１７００〜１８００＋税］円

信仰のいろはをつづる
——魂の解剖図と告白　ニクラウス・ペーター　大石周平訳

フラウミュンスター教会説教集Ⅰ　スイスで今最も注目を集める説教者！　神のみ前に生きるわたしたちを心底肯定するメッセージ。むずかしい神学用語を用いずわかりやすい言葉で説き明かす。

四六判　定価［本体２４００＋税］円

イエス・キリストの系図の中の女性たち
久野牧

系図の中にその名をもって登場する女性たちは、決してひとくくりにすることはできない。それぞれが固有の意味や理由があって、神の救いの歴史の中で用いられている者たちである。私たちに与えられている役割は？

四六判変型　定価［本体１４００＋税］円

主の祈り
説教と黙想　及川信

福音に生きるとはどういうことなのか？　主イエスの教えの中核である「主の祈り」をとおして全知全能の神を「我らの父」と呼べる幸いを語る。読者は神が与えてくださる喜びに満ちた体験へと導かれるであろう。

四六判　定価［本体１８００＋税］円

盲人の癒し・死人の復活
——ヨハネによる福音書　説教と黙想　及川信

「しるし」としての「奇跡」。二つの奇跡は、あなたに何を語りかけているのか。ヨハネ福音書を愛した新約学者松永希久夫の教えに基づく「釈義と黙想」から生み出された綿密な講解説教。

四六判　定価［本体１９００＋税］円